中国石窟系列丛书

ZHONGGUO SHIKU XILIE CONGSHU

讲解北石窟

甘肃北石窟寺文物保护研究所／编

读者出版传媒股份有限公司

甘 肃 人 民 出 版 社

图书在版编目（C I P）数据

讲解北石窟 / 甘肃北石窟寺文物保护研究所编. -- 兰州 ：甘肃人民出版社，2019.5
ISBN 978-7-226-05441-3

Ⅰ. ①讲… Ⅱ. ①甘… Ⅲ. ①石窟—介绍—庆阳 Ⅳ. ①K879.2

中国版本图书馆CIP数据核字(2019) 第088105号

总 策 划：马永强　李树军
项目统筹：李树军
策划编辑：李树军
责任编辑：马　强
装帧设计：雷们起

讲解北石窟
甘肃北石窟寺文物保护研究所　编
甘肃人民出版社出版发行
(730030　兰州市读者大道568号)
兰州新华印刷厂印刷
开本787毫米×1092毫米　1/32　印张8.125　插页2　字数170千
2019年6月第1版　2019年6月第1次印刷
印数：1~5 090册
ISBN 978-7-226-05441-3　定价:55.00元

序

文物承载灿烂文明，传承历史文化，维系民族精神。文物工作者讲好文物故事，是讲好中国故事、传承弘扬优秀文化的重要手段。全国重点文物保护单位北石窟寺是世界级的石窟艺术珍品，也是敦煌研究院管理的六大石窟之一。传播传承其丰富独特的文化遗产价值，历来是北石窟寺保护利用工作的重要内容。

北石窟寺所在区域历史悠久、文化多元，文化遗产资源丰富，既是陇东古人生息繁衍、交流交融的中枢，也是丝绸之路在陇东的一个重要节点。当地有价值的古脊椎动物化石可追溯到更新世地质时代，在史前时期也有旧石器时代、新石器时代遗存分布。

进入历史时期，周围地区是以周人、秦人为代表的华夏民族与周边戎、狄、匈奴等古代北方少数民族角逐、融合的舞台。汉代丝绸之路开辟以后，北线萧关古道和另外几条地方性道路都从此经过。北魏永平二年（509 年），泾州刺史奚康生相继在此地和泾川开凿修建了北石窟寺和南石窟寺，标志着北石窟寺地区从区域性文化中心逐步走向中西交流的中央，丝绸之路文化和佛教艺术在陇东结出了硕果。

北石窟寺经历代不断开凿扩建和自然的汰选，现有编号的窟龛仍有 300 多个，造像 2400 多尊，在中国乃至世界石窟中占有重要位置，对研究陇东地区乃至东西方文化交流、民族融合和政治、经济、军事、宗教等多个方面都具有很高的价值。同时，北石窟寺区域汇集了古生物化石、古文化遗址、丝路古道、石窟艺术、古民居、古村落，是农耕文化和丝绸之路文化交融荟萃之地，是陇东和丝绸之路上的一块宝地，是值得深度旅游和体验感悟的一方热土。

《讲解北石窟》以讲述石窟文物和艺术为主，兼顾周边历史文化和人文风俗，向读者呈现了一个立体全面、人文荟萃、引人入胜的北石窟寺。书中所收录的文章是几代文物工作者长期潜心研究整理北石窟寺及周边文化遗产和人文历史的成果积淀与智慧结晶。它的编辑出版，既是促进公众考古，提高北石窟寺旅游开放质量水平的一个举措，也是寻求在文物保护工作者与公众之间搭建新的桥梁。近年来，庆阳北石窟寺文物保护研究所成为敦煌研究院大家庭的一员,研究所的同仁们也已站在“莫高窟人”的行列。目前,“敦煌文化守望者”效应正逐步在国内外显现,期待更多守望者通过此书把目光从敦煌扩散到陇东,拓展到丝路,共同把属于全人类的珍贵文化遗产保护好、传承好。

2018年12月20日于莫高窟

目　　录

CONTENTS

一 人文祥光的初现

河流是文明的摇篮，河畔是人类的故乡，也是史前动物的乐园。中华文明的第一束灵光，并没有出现在大江大河的岸边，而是出现在一些中小河流流域。南洋大学地理系邹豹君教授曾经提出，“中国古代文化为小河流域农业而非大河流域农业”。在陇东地区，旧石器时代遗址和新石器时代遗址数量极大，特别是仰韶文化遗址星罗棋布，其数量几乎与现代村落相当，这些遗址大都分布于各个河流的二级台地上。北石窟寺所在地——蒲河河谷地段，更是数量巨大。北石窟寺区域临近河谷，新生代以后的二级台地土壤发育良好，宜于作物生长，是自古以来适宜人类居住和耕作的地方。（图 1-1）

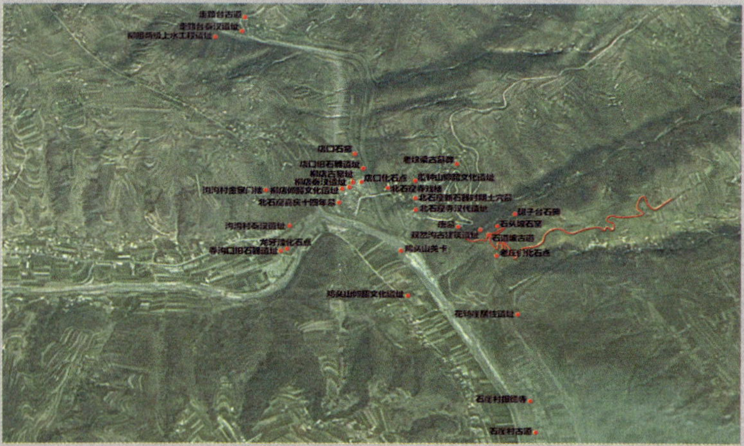

图 1-1　北石窟区域文化遗存分布图

---

①邹豹君：《中国文化起源地》，《清华学报》新 6 卷第 1 期（1967），转引自何炳棣：《黄土与中国农业的起源》，香港中文大学出版社 1969 年版，第 116 页。

古脊椎动物化石

两河交汇的北石窟寺三角区域依山傍水，早在更新世时，就是各类动物生存的理想地段，后来成了古人类最早在黄土高原生息繁衍的乐土。

北石窟区域内化石埋藏主要集中在石窟对面的柳咀村沟沟组（居士沟）龙牙洼、北石窟寺所在的覆钟山、北石窟寺南侧的石道坡石窟至花鸨崖石窟的泥岩中。20 世纪 70 年代初，沟沟村民在龙牙洼大面积开挖山体，寻找化石作为中药材销售。1974 年 10 月 6 日，张鲁章在龙牙洼发现旧石器，从这里采集到披毛犀、蒙古野马、扁角鹿的化石标本。张鲁章认为这些化石都是萨拉乌苏动物群的主要成员，但某些成员的性质与丁村的更为接近，随即邀请著名的考古学家贾兰坡先生带着中国科学院古脊椎动物与古人类研究所同事卫奇、甘肃省文物工作者吴怡如、谢骏义到现场考察。2012 年至 2014 年间，北石窟文保所在当地征集到牙齿化石 20 余块，其中有啮齿动物牙床化石 1 块。2012 年西峰区修建环川公路时剖开了北石窟寺南侧老庄门山头，发现了好多古脊椎动物化石残块，并采集到马、鹿和啮齿动物骨骼和牙床化石。2013 年 2 月 6 日，甘肃省地质博物馆副馆长李大庆先生现场考察，认定这批化石属于三趾马动物种群骨骼化石，地质年代是中更新

图 1-2　三趾马牙齿化石

世到晚更新世时期。2013 年在北石窟寺环境整治工程中，北石窟寺窟院内采集到 9 颗牙齿化石，和老庄门化石（图 1–2）同属于三趾马动物种群骨骼化石。

三趾马为哺乳动物纲奇蹄目马科的一个灭绝的属，化石在我国山西、陕西、河南、新疆、甘肃等地均有发现。体型比现代马小，前后肢均为三趾，中趾粗而着地，侧趾较小而不着地。门齿有凹坑。颊齿高冠，棱柱形，前臼齿已臼齿化。上颊齿珐琅质褶皱强烈，白垩质丰富，原尖孤立，圆柱形。下臼齿有两个突起，形成一个纵长的双柱形。在草原古马阶段，有一类三趾马不再继续进化了。当时我国境内草原面积不断扩大，生活环境相对稳定，三趾马没有其他自卫本领，只有以大量的繁衍来弥补被猛兽吃掉的损失，形成了暂时的兴盛。在世界各地三趾马都绝灭、真马已经出现的情况下，三趾马在中国北方还继续生存到第四纪早更新世，虽然也有些进化，如鼻子伸长了，但终因不能适应环境变化而被淘汰。我们今天虽然见不到它了，但我们人类的祖先们在进化中却与它们相依相伴了几十万年。三趾马很有可能是寺沟口和姜家湾人赖以果腹的猎食对象。由于它奔跑不如真马快，活动范围就没有真马广，在“弱肉强食”自然界的淘汰规律面前，自然是首当其冲。

人猿揖别处

毛泽东在《贺新郎 · 读史》中写道 :“人猿相揖别。只几个石头磨过，小儿时节。”在庆阳大地上，最早实现“人猿相揖别”的巨大飞跃的地方，就在北石窟寺对岸的寺沟口遗址和以北 10 公里的姜家湾遗址。

人猿相揖别

20 世纪 70 年代，北石窟寺研究所张鲁章在这里发现了旧石器，器型主要有石核、石片、刮削器、尖状器、球形石和有敲砸痕迹的砾石，他和谢骏义先生通过研究之后，认为属于旧石器时代中期的产物，与匼河一丁村系关系比较密切，著名考古学家贾兰坡确认是早于丁村的旧石器中期。茹河口旧石器，巴家咀姜家湾旧石器，把整个黄土大塬的人文历史向前推进了二十万年。

姜家湾地点位于巴家嘴水库西岸的残原沟壑地带，属镇原县太平乡南原村东坡头。根据群众的报告，1965 年，庆阳北石窟寺文物保管所在这里采集到旧石器数十件，并有人工打制、使用痕迹的鹿角和几件破碎的牙齿、骨骼等脊椎动物化石。石制品埋藏在灰绿色粘土层中，共有 39 件。寺沟口地点位于茹河汇入蒲河处的残原沟壑坡地与河谷阶地交界地带，俗称“后龙骨疙”，属镇原县太平乡柳嘴行政村寺沟自然村，与北石窟寺隔河相望。石制品亦埋藏在灰绿色的粘土层中，共有 9 件。大多数是加工石器后的副产品或原料，石质以石英岩、硅质灰岩为主，另有脉石英、燧石等。从原料来看，原始人已经掌握了有关石料特性的知识，能比较准确地选择合适的石料制成石器。石英岩和硅质灰岩有一定的硬度，也有柔性；硅质灰岩容易劈裂，是制造薄片石器的理想原料，而燧石硬度大，又是制作较小的尖状器的材料。石器的制作方法是锤击法，将石料放置在较大的石砧上，再用另一块石头（即石锤）去打击，使之破裂成片石或石核，然后再进行二次加工，直到适用为止。锤击法和二次修整技术，是打制石器的一种比较先进的技术，可以打制出多种用途的工具，同时还可以“更新”因长期使用而刃部老化的石器。

2012 年 11 月，北石窟寺吴正科所长在龙牙洼含化石土层中

图 1-3　店口旧石器遗址

发现一块有锤砸痕迹的砂岩石块，2013 年 1 月在龙牙洼东南店口路边的断面中发现一个石窝子，陆续找到有打击痕迹的石核和石片（图 1–3）。截至 2014 年底，共采集有打击痕迹的石块石片 24 件，大多数是打击形成的石片、石屑等副产品，有石核 4 件、刮削器 3 件、尖状器 1 件。材质以石英岩砾石为主，利用砾石卵石面为台面砸击锤击剥片，二次加工较粗糙，方法以锤击法、单面正向加工为主，未见修理台面，应属于旧石器时代中期。

这两个地点所含哺乳动物化石属于同一层位，大多是动物残破的牙齿和骨骼碎片，有披毛犀、似蒙古野马、真马（未定种）、扁角鹿（未定种）、鹿亚科（属种未定）、牛亚科（属种未定）。当年，这两个地点的考察者收集到的哺乳动物化石只是两地所产化石中的很少一部分，尚不能代表动物群的真正面貌，但从已经能够辨别种属的化石来看，萨拉乌苏动物群的化石在这两个地点基本上都有，某些成员的性质与山西丁村动物群更为接近。这两个地点没有发现周口店期的典型动物，时代上显然晚于周口店第一地点。在丁村含化石的砾石层之下，也有一层不太厚的微红色土状堆积物，地层剖面与姜家湾、寺沟口类似。故姜家湾与寺沟口两个地点的时代，可能介于萨拉乌苏和周口店第一地点之间，与山西襄汾丁村地点的时代相当，即晚更新世早期阶段。

姜家湾和寺沟口远古居民积累了一定的经验和技能，其代表性的工具是经过二次加工的打制石器，以砍斫器、球状器、刮削器和尖状器（图 1-4）比较典型。其中砍斫器最大，长达 11 厘米，最小的是尖状器，长仅 3 厘米。砍斫器共 3 件，均出于寺沟口。比较典型的一件由灰白色石英岩片石制成，为单面砍斫器，劈裂面保存着半锥体。打击点明显，刃口由劈裂面向背面打击而成。呈手斧状，刃口平齐，有多次使用痕迹。这件工具用途广泛，可以砍斫居住环境和行进道路上的障碍物，也可以用来捕杀野兽。尖状器在寺沟口发现 1 件，由白色石英岩为原料打制而成，器型小巧，仅有 3 厘米长，柄部比较宽厚，近尖端的左右两边修成凸刃，尖部尖锐，是一种剔挖工具，可剔取动物肉体骨缝间的肉和骨腔内的骨髓。

图 1-4　寺沟口石器

姜家湾和寺沟口两地点出土的动物化石，有披毛犀、似蒙古野马、真马、扁角鹿和牛亚科动物，这些都是草食性动物，因此，其生存的环境肯定是一个水草丰茂的草原地带。动物化石和石器采集于灰绿色地层中。灰绿色地层，是远古的大量植物长期埋藏在地下碳化过程所形成的颜色。如果当初的植被稀少，则所形成的地层一定是红色的。因此，姜家湾和寺沟口当年的植被是非常良好的，有树林，有草原，有河流，有沼泽。从地层和动物群的信息中，得知姜家湾和寺沟口的大生态环境呈稀树草原景观。这是蒲河两岸森林草原发育的后期阶段，昼夜温差增大，森林明显退化。扁角鹿和蒙古野马奔跑于稀稀落落的树林中，或在水草茂盛的草原上觅食；披毛犀时而游走于蒲河清流之中，时而在岸边抖动着身上带水的长毛。这些动物群体是姜家湾和寺沟口远古居民的伙伴，也是他们赖以生存的食物来源。富饶辽阔的蒲河稀树草原，既是姜家湾和寺沟口远古居民和野兽角逐的疆场，也是他们生息的家园。

几个石头磨过

距今10000—4000年间，即考古学的新石器时代，覆钟山所在两河交汇处成为陇东人文生息繁衍最为密集的区域，覆钟山新石器时期文化层最厚达2米左右，还保存有白灰层居室地面、窑址、灰坑等，新石器时代器物残片遗存非常丰富，从山底到山顶随处可见，泥质红陶口沿残片、泥质夹砂陶片随处可见，俯身可拾，还拣到玉器残片。在这里我们还找到了“陶复陶穴”的雏形。

（1）覆钟山遗址

北石窟寺窟院杂土中的仰韶文化类型和常山下层文化类型的陶片随处可见。北石窟寺主窟群所在覆钟山，窟区顶部至山顶崖壁断面暴露出的有灰层、灰坑、窑穴、窑址、白灰面地穴等。堆积最厚处达2米以上，地表散布有大量的器物残片。暴露出白灰层地面的地穴居住遗址有3处，白灰面1 ~ 3层，厚度0.2 ~ 0.4厘米，长度1.2 ~ 3米不等。采集到陶器标本质地有泥质红陶、夹砂陶，纹饰有圆点纹彩陶、附加堆纹、粗细绳纹、篮纹、弦纹等，器物以带耳陶罐为主，其次是敛口盆钵，有少数带鋬器、鬲，还采集到一个碧玉锛的刃部残片。

（2）鸡头山遗址

位于蒲河、茹河交汇处东南岸，从山底到山顶文化层最厚处达 3 米以上，灰层、灰坑、窑穴、窑址、白灰面住室均有暴露。发现居住遗址 2 处，一处有白灰面一层，厚度 0.2 厘米，暴露宽度为 1.2 米；另一处有白灰面两层，厚度 0.4 厘米，暴露长度 3 米左右。采集到仰韶文化类型的标本较多，质地有泥质红陶、夹砂陶，器物多见厚唇折沿砂红陶器物口沿，剖面呈三角形，有敛口盆钵和带鋬器物。纹饰有粗细绳纹、斜绳纹上压平行弦纹、附加堆纹、篮纹、弦纹等。

采集到常山下层文化标本有泥质红陶、泥质灰陶、夹砂灰陶等，器物有罐、甑。纹饰有粗细绳纹、耳部刻划纹和锥刺纹、肩部附加堆纹、颈部附加堆纹上压粗斜绳纹等。

（3）柳店——背后台遗址

位于蒲河、茹河交汇处西北大坡山山腰间，在道路和窑庄崖壁上暴露出 5 处新石器时期的居住遗址，路边崖体暴露出的 3 个居住遗址均呈窑洞形，高 1.3 ～ 3 米左右，底宽 1.3 ～ 3 米。柳店窑洞院崖面上发现两处居住遗址，一处白灰层地面有 3 层，总长 5 米，另一处露出崖面长度 1 米，白灰层地面叠压 9 层（图 1–5）。

文化层堆积和灰坑集中在居住遗址以下的二级台地上，地名“背后台”，东西 150 米，南北 60 米，2014 年从金泰顺窑院塌落土层观察，堆积厚度 3 ～ 4 米。采集到标本较多，质地有泥质红陶、夹砂陶、泥质灰陶，纹饰有彩陶、附加堆纹、粗细绳纹、篮纹、

图 1-5　新石器时期九层白灰地面居住遗址

弦纹等，器物以罐为主，其次是敛口盆钵。采集到 5 种类型彩陶片 10 余片，经陕西考古研究院院长王林先生认定有半山类型彩陶。采集到有切割痕的玉石 1 块，打制石斧 1 件，直径 15 厘米的砂岩石球 1 件。

（4）楼底村遗址

位于北石窟寺北 2.5 公里的楼底村，崖体暴露出 3 个居住遗址，呈窑洞形，1 个烧制陶器的窑址，采集到有骨耜挖掘痕迹的焦土 1 块，泥质红陶片、夹砂红陶片 10 余片，文化类型有待进一步考证。

进入文明时代，北石窟寺区域内因其适合人居的特殊环境，人类的活动从未终止。特别是战国秦到两汉政权在其附近设立彭阳县，又有多条古道穿行而过，增加了该区域的活力，留下了大量人类活动的遗迹。北石窟三角区域在数千年来人类生产生活从未间断过，加上地处交通要塞、临近古城等因素，地下埋藏有各个时代的古墓葬（图 1–6），伴随着生产建设活动时有暴露。目前发现有新石器时期的墓葬、汉代墓葬、唐代墓葬、宋代墓葬、清代嘉庆十四年和咸丰九年墓葬等。

图 1-6　嘉庆年间墓志铭

秦汉遗址

（1）覆钟山遗址

在 2004 年对北石窟寺岩体抢险加固及渗水治理工程中，出土了较多战国秦时期的内麻窝纹或网格纹、外粗绳纹瓦片和内布纹、外绳纹的汉代瓦片，汉代灰陶器物残片，汉代“千秋万岁长乐未央”瓦当（图 1–7）、卷云纹瓦当。窟区南面，在当地居民李乢昌的老庄子崖面上暴露出秦汉遗址一处，遗址长约 12 米，文化堆积厚 2 米左右，内夹杂灰陶盆残片、灰陶板瓦残片等。

图 1-7　汉代“千秋万岁长乐未央”瓦当

（2）居士沟遗址

遗址从蒲河西岸柳店开始，绕山头延伸到龙牙洼，均有断断续续的秦汉遗物堆积。遗址总长约 1200 米，通过观察崖体断面，堆积层最浅处在书房院和龙牙洼一带，离地表 0.5 米左右，最深处在背后台上，堆积层厚度有 3~5 米。因历代生产生活开挖，对文化层造成很大破坏，现难以判断原文化居住区的分布范围。地表和堆积层中多见战国秦时期的内麻窝纹或网格纹、外粗绳纹瓦片和内布纹、外绳纹的汉代瓦片，战国、秦半圆形云纹瓦当残片（图 1–8），有大量的秦汉时期陶罐等器物陶片。北石窟寺文物保护研究所从农户家中征集到秦汉时期陶罐、陶甑釜 20 余件，其中 2 件陶罐肩部印着“北市”戳记，陕西省考古研究院专家认为是“北

图 1-8　战国秦卷云纹瓦当

地之市”的简写，就是在北地郡某一个“市”上生产的。

（3）**四亩台遗址**

四亩台秦汉遗址位于古道胡同东侧的堡子顶山根，堆积层厚度达 3 米左右，夹杂很多战国、秦时期的内麻窝纹或网格纹、外粗绳纹瓦片和内布纹、外绳纹的汉代瓦片，在崖壁上暴露出一座砖券古墓和一个烧制砖瓦的窑址，窑内土层中夹杂绳纹瓦片。

（4）**走路台遗址**

走路台秦汉遗址位于北石窟寺北 2.5 公里蒲河西岸的二级阶地上，临近北 1 号北魏石窟。崖壁上暴露出的堆积层厚度 30 ～ 50 厘米，夹杂战国秦外饰粗绳纹、内饰菱形方格纹或麻窝纹瓦片和汉代外饰粗绳纹、内饰布纹的瓦片。

（5）杨湾遗址

位于北石窟寺西北2公里茹河东岸的二级阶地上，临近“老虎头”山包。崖壁上暴露出的堆积层厚度1.5～3米，夹杂大量战国秦外饰粗绳纹、内饰菱形方格纹或麻窝纹瓦片和汉代外饰粗绳纹、内饰布纹的瓦片。

古建筑及遗址

北石窟寺周围的古建筑及其遗址十分密集，主要以生土建筑为主，最早的是新石器时期的居住遗址。民国以前的崖庄窑洞院落鳞次栉比，主要集中在北石窟寺所在的覆钟山、北石窟寺南侧的堡子顶、北石窟寺对面的沟沟（古称居士沟）、北石窟寺北2.5公里的楼底村、北石窟寺南2.5公里的石崖村等几个古村落。据当地老年人讲，晚清民国时期在沟畔的车马店，接待来往的行旅，窑洞中有通铺，可容纳上百人，这种说法虽然有些夸张，但也说明这一带曾经有络绎不绝的行人。这里仅对新发现的几处木结构建筑和建筑遗址作简单介绍。

（1）砖木结构建筑

新发现的4座砖木结构建筑均为清代。硬山顶屋顶，五脊六兽，青瓦屋面；不做飞椽，花架椽做乱搭头式；金檩稍低，使屋面略微呈现弧线形，椽子上铺望砖；斗拱做异形拱，每间只放一朵平身科斗拱，每朵斗拱包括蚂蚱头或出三翘，或出五翘，做成“龙角凤翅”；青砖墙面经过打磨，白灰勾缝；墀头雕刻精致；柱础上为鼓形，基座为八棱柱形，具有明显的地方风格。

石崖村报德寺

报德寺（图 1-9、1-10）位于镇原县上肖乡石崖村，现存大殿、戏楼、门楼三座单体建筑。大殿坐北面南，面阔三间，五架梁结构。老檐柱之间隔扇门，早年被毁。斗拱做五踩异形“龙角凤翅”拱，残损严重。座斗做仰莲台形，明间和两次间各一朵平升科斗拱，覆斗形座斗正面雕刻莲花纹。檐部彩绘脱落不清。墀头三面雕刻精致，雕刻天马、狮子、麒麟等动物形象。柱础上部为鼓形，下部三分之一为八棱柱形。大殿东、西、北三面原有壁画保存较好，

图 1—9 北石窟寺清代门楼

图 1—10 报德寺

内容为封神演义里的三霄娘娘大摆黄河阵，药王、龙王成仙成神等神话故事。

戏楼座南面北，为三间五架梁结构，墀头正面饰莲花纹砖雕，山墙两侧近正脊处做镶宝相花纹“悬鱼”砖雕。后墙辟两孔拱形窗户,直棂窗格。檐部彩绘脱落不清。五彩异形拱被破坏。东、南、西壁有壁画，早年被白灰粉刷覆盖。

门楼紧挨戏楼东侧，坐南向北，单间五架梁结构，前檐檐部绘有各种动物、花卉图案和砖雕图案，檐下斗拱残损。墀头正面雕刻鹿鹤同春、二龙戏珠、博古等吉祥图案。

另外，还保存有大殿銮宫的四扇木雕隔扇，上条环板内浮雕博古图案，槅心为正方直棂格，中条环板内浮雕兰、菊、竹、梅四种花卉，裙板内浮雕八仙，下条环板内也浮雕博古图案。

沟沟村金家门楼

沟沟村金家门楼（图 1-11）位于镇原县太平镇柳咀村沟沟组，属清代晚期建筑，是当地居民金义平的住宅门楼。门楼面阔一间，砖木结构，硬山顶式，檐下斗拱三朵。水磨青砖，白灰勾缝，墀头正面有砖雕，雕刻有菊花、莲花，寓意着“连连中举”之意。门框上走马板刻有“芝兰室”三个字。斗拱、额坊周围彩绘渔、樵、耕、读等人物画面和菊、莲等植物图案。两侧墙壁上各有两方墨书题记：一方为“门楼修得宽，银钱聚成山，行善生贵子，文武口高官”，另一方为“龙靠深水虎靠山，臣靠君王民靠官，少靠父母老靠子，贫靠善人富靠天”。

图 1-11　沟沟村金家门楼

（2）建筑遗址

双岔沟建筑遗址

双岔沟古建筑遗址位于北石窟寺南400米的双岔沟口的石崖上，崖面高4.5米处有一道长约10米的凿刻壕，推测安置正心檩，下有4个梁孔，推测为面阔三间，单坡建筑。西侧有一形状为“∩”的浅龛，上有白灰面痕迹，白灰面上可能绘有壁画，即为窟顶壁画。

双岔沟古建筑遗址对面就是石道坡古道，据说这里原来是旅店，时代不详。

石道坡建筑遗址

石道坡建筑遗址（图1–12）位于北石窟南650米处的石咀悬崖上，是石道坡石窟寺的一部分。石窟坐南面北，距石地表20米。

图1-12　石道坡建筑遗址

石窟之下的崖壁上有三排木构建筑梁架孔，每个孔宽 12 ～ 15 厘米，高 15 ～ 18 厘米，深 8 ～ 12 厘米。最上排有 2 孔，相距 2.3 米；中间第二排 3 孔，低于上层孔 1.3 米，西侧两孔紧挨，宽 5.6 米；底层第三排有 5 孔，低于中层孔 1.8 米，高于地面 3.5 米，排列总长 6.8 米，两孔相距 1.2 ～ 2 米。立面布局呈梯形，显然是庑殿顶建筑，推测是和石窟同时代的唐代建筑遗迹。

通过较多的白灰层地面居住遗址推测，到新石器时期，这里是原始部落的集聚区，从发现 9 层白灰层地面居住遗址来看，史前人类就在这里过着太平祥和的生活。秦汉以后，这里设有彭阳县，北石窟寺三角区发展成为网状丝绸之路在陇东黄土高原上一个重要的节点。白垩纪时期这里沉积了深厚的黄砂岩，细绵均匀，易于雕刻，南北朝以后，不断开凿石窟，成为陇东规模最大的一处石窟群。北石窟寺三角区域汇集了远古化石、各类古文化遗址、原生态村落、历史古道、佛教艺术、众多生土建筑，具有很高的历史、艺术、科学和社会价值，是农耕文化和丝绸之路文化交融荟萃的缩影，是庆阳历史文化遗产中分量最重的一块宝地，是推进甘肃华夏文明传承创新区建设的“金三角”。

二

古道西风驼铃

交通是古代文化传播的媒介。徐恩曾在《中国石窟》中说:“位于陇东高原的庆阳北石窟寺与泾川南石窟寺一样，南缘丝绸之路，北依河西走廊，经大同、云冈直达辽东的古道，东傍从长安至延安的又一条古道，故其石窟历史悠久，计有北魏、西魏、北周、隋、唐、宋等各个时期雕塑艺术精品，有的石窟规模宏大，造像粗犷，艺术水平较高。地处几条通衢大道的有利条件，也使庆阳北石窟寺有可能吸收多民族文化的先进成分，聚拢各地能工巧匠凿石开窟，雕凿佛像，集才华智慧于石窟艺术之中。”这里强调了北石窟寺的开凿与丝绸之路古道的密切关系。北石窟寺坐落在庆阳市西峰区西南 25 公里处的覆钟山下，是丝绸之路东段北道上的一颗明珠，为我国佛教艺术的重要宝库。丝绸之路能和中原文化与北方游牧文化的交汇，是北石窟寺艺术兴起的重要因素。因此，我们很有必要对以北石窟寺为中心的几条古道进行全面的了解。

汉唐古道，丝路通衢

北石窟寺开凿于北魏年间，是古丝绸之路上重要的历史文化遗存，佛教造像具有极高的艺术价值，是研究中国佛教史、艺术史和中西方文化交流史的珍贵遗产。在世界历史上，“丝绸之路是一系列变动不居的小路和无标识的足迹”[①]。在北石窟寺及其周边地区，有许多变动不居的古道，沿途留下了无尽的无标识的足迹。丝绸之路把不同地区、不同文化背景的民族联结起来，把他

①［美］芮乐伟·韩森:《丝绸之路新史·序章》，北京联合出版公司 2015 年版，第 9 页。

们的相通性和共同性调动起来，使各地之间的交流更加必要，更加深切。北石窟寺所在地覆钟山区域是陇东早期人类生息繁衍、交流交融的中枢，秦汉以后发展成网状丝绸之路在陇东的一个重要节点。汉唐时期，丝绸之路上的一些商人和使者选择了经过寺沟川这条便捷的道路西行东归，眼前是重重山峰，脚下是丛丛荆棘，吞咽着暑天的焦渴在河谷穿行，背负着秋季的连绵阴雨在石道坡的泥泞道路上跋涉，脚下是盘曲蜿蜒的山川道路，头顶着起落升沉的日月星辰，谱写出了丝路的辉煌。

1991 年至 1997 年期间，庆阳文物工作者李红雄、张耀民、宋文玉先生对北石窟寺历史古道遗存做了比较详细的调查，他们的调查结论是古代连接北石窟寺的主要交通道路有三条：一条是北石窟寺东南豳州—雍州大道，一条是北石窟寺西北彭阳—高平古道，还有一条是北石窟寺西南泾州道。2012 年 11 月初，北石窟寺文物保护研究所所长吴正科在北石窟寺周围 10 平方公里的范围内展开踏勘，新发现文物遗存 30 余处。吴所长随即向庆阳市文化主管部门呼吁，对该区域历史文化遗存做全面调查，并加强该区域历史环境保护。2013 年 1 月，庆阳市成立北石窟寺周边文物普查工作领导小组，此次普查以北石窟寺主窟群为中心，北至楼底村，南至石崖村，南北约 5 公里；东到原边上的马咀村，西到柳咀村龙牙洼，东西约 2 公里。对 7 类 33 处文物点进行了科学调查，测点 83 处，采集标本 260 余个，极大丰富了人们对该区域历史文化遗存的了解和认识。

豳州—雍州古道

北石窟寺东南豳州—雍州古道，保存最长最完好的一段从北石窟寺南侧的四亩台开始，到董志镇罗杭村上马咀，全长3180米，是我国丝绸之路古道保存最长、最完整的一段。由平地的胡同、石头坡石道和原边车壕（也叫驼道）组成。石道总长357米，现存石道长323米，宽2.9 ~ 8米，石道上有一条深0.25米，宽0.40米的独轮车车辙，表明这里曾经长期通行，也可看出当时车来人往的繁华景象。车壕由于两千年的修建和通行，变成深3 ~ 16米，宽约12 ~ 15米的沟壕。车壕经几千年的车马行走、雨水冲刷、人工修垫，黄土地上的道路变成幽深的峡谷，置身其中，给人以神奇的震撼（图2–1）。在四亩台胡同东侧发现秦汉遗址、窑址和墓葬，可以肯定是早期古道。

宋金之际，陇东战乱不休，为了防止北方铁骑长驱直入，驻兵将石道人为斩断。后历代修垫，到元代至正七年（1347年），李授进带着部队又一次进行修缮，并在崖壁上雕刻了修造古道的记载。

图 2-1　留下车辙印迹的丝绸之路古道

彭阳—高平古道

北石窟寺西北彭阳—高平古道，也称萧关道茹河段，在北石窟寺对面沿茹河西北而上经过汉代彭阳县（治所在今镇原县太平镇上城行政村东山自然村）、安定县（治所在今镇原县城附近）、朝那县（治所在今宁夏彭阳县西古城镇）到达高平（西汉安定郡治所，在今宁夏固原市原州区）。因新农村建设和道路改扩建，仅存很少古道遗迹，沿途秦汉遗址、遗物非常多，可以肯定是历史悠久的古道。

沿着茹河河谷而行的古道，是汉唐网状丝绸之路中一条非常重要的线路，在这条道上，曾经发生过许多悲壮的故事。根据《史

图 2-2　彭阳古城残垣

记·匈奴列传》记载，汉文帝前十四年（公元前166年），“匈奴单于十四万骑入朝那萧关，杀北地都尉卬，虏人民畜产甚多，遂至彭阳。使奇兵入烧回中宫，候骑至雍、甘泉”。匈奴军队所至的“彭阳”即为秦汉彭阳县，古城距离北石窟寺仅有5公里路程。匈奴军队这次入掠，打败北地都尉于萧关，进至彭阳（图2-2），并派奇兵入烧回中宫，深入到雍和甘泉，距长安仅100公里。法国人勒内·格鲁塞在《草原帝国》中写道：“公元前167年（应为公元前166年——引者），他们进入陕西，直至彭阳（中国都城长安以西），放火烧了这里的一座皇家离宫。”①

公元25年间，东汉史学家班彪面对长安政局的颠覆，“避难凉州，发长安，至安定，作《北征赋》”。班彪从长安出发，至泾阳，然后到淳化甘泉宫，后至旬邑豳乡，参观了义渠戎国国都和泥阳班氏祖庙，然后经覆钟山西北行5公里的彭阳县古城，循茹河西上，经朝那、萧关和现在的固原，往西北经现在的海原、景泰，过黄河往西进入河西走廊。

东汉建宁元年（168年）二月，段熲镇压羌人起义，一直打到逢义山，走的也是这条道路。“建宁元年春，熲将兵万余人，赍十五日粮，从彭阳直指高平，与先零诸种战于逢义山”。李贤注：“彭阳，高平，并县名，属安定郡。彭阳县，即今原州彭阳县也。高平即今原州也。”

① [法]勒内·格鲁塞：《草原帝国》，商务印书馆2009年版，第68页。

唐朝贞元三年（787 年）十月，吐蕃军队侵扰，顺着茹河而下，火烧丰义城，也是走的这条道。匈奴军队行走时，正值寒冬，狼烟如羽、铁马冰河成了主要的景象。班固“北征”是在十一月，赋中涉及南飞的大雁和山顶的积雪。段熲行军时，已是初春。吐蕃军队进攻丰义城时，也是冬季。

茹河河谷平坦宽阔，起伏较少，便于大军行动，汉代茹河的水流量比现在更加充沛，可供兵马饮用，这是老上单于选定此道进攻汉朝的重要原因。班彪写道：“释余马于彭阳兮，且弭节而自思。日晻晻其将暮兮，睹牛羊之下来。”班彪到达彭阳的时间是傍晚，他信马由缰地行进，又停车暗自思量，能够看到成群的牛羊从山坡上下来。也就在班彪到此地的 191 年之前，匈奴大军到达彭阳，由于萧关已被攻破，北地都尉孙卬被杀，汉军士气受挫，沿途再没有大的阻击，彭阳的失陷顺理成章，似乎并无大的激战。史书记载匈奴军队“至彭阳”，老上单于派遣奇兵火烧了回中宫，候骑则越过彭阳到达雍、甘泉。在班彪过此的 762 年后，贞元三年（787 年）十月甲申，吐蕃军队在此与唐军激战，唐朝经过安史之乱后国力衰退，无力抵挡吐蕃的强悍进攻，丰义城遭到严重的破坏，“冬十月，甲申，吐蕃寇丰义城，前锋至大回原”。汉代彭阳县在唐朝为丰义县，大回原在今宁县太昌。

这条古道的整个路段至今仍在沿用，只不过是被现代公路所替代。走在古老的道路上，我们仿佛能听得见马蹄声和驼铃声踏过岁月的门坎，自远渐近。

泾州古道

北石窟寺西南泾州古道，从北石窟寺南 2.5 公里的石崖村高路坡开始（图 2–3），上屯字原至朱家咀，向西北到杨城，南折经万俟沟圈，上肖乡、泾川荔堡镇、小寨村到泾河北岸的景家村，即进入泾州。北朝至唐朝前期，镇原部分地区属泾州，从泾川经过泾河、洪河、茹河河谷到达临泾，接着西行到达原州高平（今宁夏固原）的道路也十分通畅。奚康生镇压泾州起义，万俟丑奴从高平进攻泾州，都曾经走过这条道，著名的当原之战就发生在

图 2-3　泾州古道高路坡段

这条道路之旁。隋唐几次出兵进攻突厥时，也曾以此道作为行军路线。

据当地文史工作者的实地踏勘，发现北朝隋唐时期的泾州—原州部分路段的轨迹。从宁夏固原沿着茹河河川东行，经过彭阳县、甘肃镇原县至蒲河与茹河的交汇处，再向西南沿着蒲河西阶地南行 2.5 公里，到上肖乡高路川村。从一级阶地攀上二级阶地，有一段长 50 米、深 12 米、宽 5 米的胡同，“高路川”之名，也许由此得来。古道沿着二级台阶继续盘曲而行，到达屯字原东头的朱家嘴村，这里有一段深 10 米、宽 8 米、长 2 公里的胡同，至今保存完好（图 2–4）。

图 2-4　泾州古道朱家嘴段

从朱家嘴到杨城村古道遗迹明显，古道在杨城村南折，抵达万俟沟畎，这里有一个面积达 4 平方公里的古城遗址，北魏外戚、胡太后之父胡国珍的墓地就在这里。古道再南行经过镇原县上肖乡，过下肖胡同抵达泾川县荔堡镇，西南折入小寨村，这里有一处面积约400平方米的汉至唐代堆积物遗址，文化层厚达1米左右。古道从小寨西向有一条深 8 米、宽 9 米、长 6 公里的深胡同，从原面沿着沟壑直下洪河谷地。洪河古名阳晋川。古道抵洪河东岸后，再沿着河南岸至泾河北岸景家村。景家村俗称槽头景家，原有一个规模很大的车马店，这里是泾河的古渡口，也是洪河与泾河二水汇合处。古道从景家渡过泾河，直达今泾川县城，其路线与今天的西兰公路走向大体一致，且时断时合。①

佛教及佛教石刻艺术沿着丝绸之路传向中国各地。从景家村渡过泾河，沿泾河南岸直达泾川县城，这一段基本上与今西兰公路重合，沿途可以见到许多石窟，诸如南石窟寺、王母宫石窟、嵩显寺石窟、罗汉洞石窟等，大多分布在山水之间。这些石窟的雕塑和壁画是我国古代艺术家把传统的艺术和外来影响密切结合起来而创造的艺术珍品，把泾河流域丝绸之路点缀得更加雄伟壮丽。在这些古道上还发现有众多的文化遗迹和古城池、古村落遗址。尤其是泾州大道，沿途佛教活动的遗迹星罗棋布，不胜枚举。

---

①李红雄：《北石窟寺古代交通初探》，李红雄、宋文玉主编《北石窟寺》，甘肃文化出版社 1999 年版，第 145 ~ 147 页。

可以想见在漫长的丝绸之路发展史上无数的西域胡商、天竺高僧以及中原的西行取经的僧侣、附近信仰佛教的官民僧俗，在这条古道上经行和休憩，并在这些佛教信仰场所进行膜拜和布施，说明这条古道在北朝、隋、唐时期曾经是丝绸之路的重要构成部分。据实地踏访者的考察和分析，南北石窟之间的泾州道路段长 45 公里，其特点是依地势自然形成，凡是原面地段则留下长而直的深达六七米的胡同，凡是山坡或边沟地段，虽然蜿蜒曲折，但是取的还是两窟间的最直方向。古道虽然经历上千年的风霜雪雨，许多路段或被荒草吞没，或陷于沟壑，或已垦为农田，但仍然有许多路段至今还被使用。①

太平原古道

在复查“石窟寺西北彭阳—高平古道时”，发现了从蒲河与茹河交汇处上太平原的古道：从柳店转折上原，经柳咀、上城到太平镇，新修的公路几乎全部叠压在古道上，破坏严重，但古道的痕迹及基本走向还很容易辨别。沟沟至柳咀原都有秦汉遗址遗物和汉代墓葬，可以肯定属于早期道路。这条道路应该是茹河道的一条辅道，遇到茹河涨水无法西行，或者受到少数民族的阻挡时，选择走这条道绕行。

---

①张耀民、宋文玉:《北、南石窟古道踏勘记》，李红雄、宋文玉主编《北石窟寺》，第 140 页。

泾州—彭阳古道

从泾州北抵上肖、杨城到西岭后继续向北，经过邢家胡同（图2–5）、马嵝岘下原，至王家山，再到茹河南岸夏家店，这里茹河河岸有关桥渡口遗址，北岸即彭阳古城东郊。该条古道在屯字原上留下了宽 6 米，深 2 ～ 3 米的胡同，进入王家坪的胡同深度在 5 米以上（图 2–6）。王家坪有汉墓群，属镇原县县级文物保护单位，这无疑是汉代以后泾州至彭阳的主要官道。

图 2-5　泾州古道西岭邢家胡同

图 2-6 泾州古道王家坪胡同

西岭—石崖村古道

泾州至彭阳古道北抵上肖、杨城到西岭后，一条经邢家胡同、马屦岘到彭阳古城，另一条从此分岔向南，经西岭村大庄胡同、南李再到姜曹村沟老组胡同，由此再分岔成两条古道：一条南下朱家咀、高路坡到蒲河南岸，就是李红雄先生调查的古道。还有一条东下邢家咀、李家山到石崖村，下山的古道绝大多数被新建道路毁坏，唯石崖村关公庙后面有一段胡同，宽约 11 米，深 6 ~ 18 米，到报德寺背后有一段 120 米长的石道，最后到蒲河南岸的石

图 2-7　石崖村古道

崖村（图 2-7）。据当地老人讲，这是古时候通向上肖的主要道路，而非朱家咀古道。在高路坡、石崖村至杨城古道左右没有发现宋以前的遗址遗物。目前对这条古道的断代还无法定论。

柳咀—董志原古道

太平原经楼底村至董志原也存在一条古道。柳咀—太平镇古道在柳咀大庄处向东拐，有胡同经关公庙在柳树洼呈“S”形盘旋下山到蒲河西岸，有一个台地，名“走路台”（图 2-8），这里发现秦汉遗址。走路台北侧古村落就是楼底村，很有可能是“路底村”的谐音演变。走路台南侧就是北魏石窟——楼底村北 1 号窟，过河经宋家湾上董志原的古道被新修的便道破坏，部分路段已经无法辨认。这一条古道比较陡峭，路面不过 3 米，不属于连接大城池的道路，只是两原之间通行的一条捷径。

诗人艾青说：“蚕在吐丝的时候，没想到会吐出一条丝绸之路。”北石窟寺处在丝绸之路的要塞，是关中出河西的咽喉地段。从上述的各条时断时续的古道，似乎无法完全揭示这一区域在丝绸之路上的重要性。美国耶鲁大学历史教授芮乐伟·韩森在《丝绸之路新史》的序章中提出，在世界历史上，丝绸之路是一系列变动

图 2-8　走路台古道

不居的小路和无标识的足迹，丝“路”并非一条“路”，而是一个穿越了广大的沙漠山川的，不断变化且没有标识的道路网络。事实上，在这些艰苦商路上往来的货物很小，但是丝路确确实实改变了东方和西方的文化。这条路不仅传播了货物，还传播了思想、技术和图案。

这一精辟的论断告诉我们，以北石窟寺为中心的各条没有标识的大道和山间变动不居的小径，构成了一个较为完整的道路网，沿途大大小小的石窟却连缀成一条佛教传播之路。茹河与蒲河的交汇处有著名的北石窟寺，北石窟寺以东的茹河畔，镇原境内有玉山寺石窟、洛阳寺石窟、大咀石窟、朱家川石窟、龙枣寺石窟、石空寺石窟、永乐寺石窟；彭阳境内有无量山石窟、段园子石窟、李渠石窟。这条道路进入固原市原州区，在石门关又有著名的须弥山石窟。众多石窟镶嵌在沿线摩崖峭壁，特别是庆阳市和固原

图 2-10　宋代牵马俑砖雕

市最著名的石窟（北石窟寺和须弥山石窟，均为国家文物保护单位）矗立于道路的东西两端，说明在北朝、隋、唐时期，这是一条重要的石窟文化之路。马蹄印和驼铃声早已被历史尘埃淹没，但其久远的记忆却在石道坡的车辙痕迹中定格，在镇原宋墓的砖雕画中得到保存（图2-10）。这些古道在历史上承载起了传播货物、思想、技术和图案的使命，北石窟寺就是其文化图案传播及落地生根的结果。

山重水复，关塞连绵

山不在高，卧虎行龙

民国著名学者慕寿祺《重修镇原县志》的“舆地志·覆钟山”条记：“在邑东八十里，蒲河及县川河交合处，形如覆钟，故名。”覆钟山俨然董志原差使锁控蛟龙口的天王，巍巍耸立，钟灵毓秀，见证了黄土大塬千百万年的足迹（图 2–11）。有一个叫罗中的游人在山南石道边雕刻一联：“今往藏龙伏虎地，偶闻鹿鸣凤临声”，足见对覆钟山的神往。宋崇宁二年（1103 年）二月二十九日，彭阳县令高道华一行游览后，留下如此感慨：“群山铺翠，万花争红，

图 2-11 覆钟山远景

幽禽发声，清泉泻韵，山间佳趣，斯尽之矣！”

地老天荒海枯石烂

覆钟山海拔 1088 米，基础为白垩纪的黄砂岩，露出地表厚度 20 米，黄砂岩之上为泥岩层、黄土层。泥岩中出土了许多中新世时期的动物骨骼化石，包括披毛犀、蒙古野马、扁角鹿（图 2-12）、纳玛象、斑鬣狗、田鼠、羚羊、鸵鸟等等。这里出土的化石尤以牙齿较多，最大的有大象牙齿化石，最小的有啮齿动物田鼠牙齿化石，由此附近早有“龙牙洼”之地名。说明百万年前，这里山清水秀，草木丰茂。

1974 年 10 月 11 日，我国著名考古学家、古脊椎动物专家贾兰坡先生现场调研后，在庆阳地区座谈会上对庆阳化石的价值给

图 2-12　鹿角化石

予了充分肯定，并就保护提出明确要求：“把它保护下来，不要破坏，咱们这个地区，要比一个小国家都大，在中生代以前是海，中生代以后就成大陆。庆阳的鱼化石，是白垩纪一亿年前后。”

覆钟回中唯天之望

周穆王西伐并会见西王母，是周王朝疆土拓展的历史见证，也是西北地区民族交流融合的历史见证。

周人南迁后，陇东地区先后被狄人和义渠戎占领，公元前964年，周穆王两次西征义渠犬戎，“广获其五王”，并把部分戎人迁到今镇原县至宁夏固原一带的“太原”。义渠戎原居宁夏固原草原和六盘山两侧，归西王母管辖。周穆王西伐义渠戎并会见西王母，住在“旷原”上与西王母对酒吟唱，尽情畋猎。西王母为穆天子唱到：“世民之恩，流涕芔陨，吹笙鼓簧，中心翔翔。世民之子，唯天之望。”这段历史被记录在《穆天子传》中。

汉武帝元封年间（前 110- 前 105 年），在今泾川回中山上修建王母宫，自此，覆钟山与回中山被传唱在凄美的历史中。《重修镇原县志·舆地志》“覆钟山”云：“相传周穆王登之以望回中山，有憩息石犹存。”

秦砖汉瓦彭阳千秋

秦汉时期，覆钟山属彭阳县地望，因地处彭国故都之阳而名。1982 年 11 月，覆钟山东南原边的野林汉墓出土了“彭阳鼎”一件，即是物证。

覆钟山下多见战国秦时期的内麻窝纹或网格纹、外粗绳纹瓦片，以及网纹云纹组合的战国时期瓦当。内布纹、外绳纹的汉代瓦片，汉代灰陶器物残片，汉代“千秋万岁长乐未央”瓦当、卷云纹瓦当。覆钟山西南侧崖面上暴露出大面积秦汉时期的堆积层，文化堆堆积厚度在 2 米以上，内夹杂灰陶盆残片、灰陶板瓦残片等。另有窑址 1 处，墓葬 2 处。

北石窟寺文物保护研究所从覆钟山附近农户中征集到秦汉时期陶罐、陶甑釜 20 余件，其中 2 件陶罐肩部印着“北市”印记，陕西省考古研究院专家认为是“北地之市”的简写，就是在北地郡某一个“市”上生产的。

佛教艺术宝相庄严

北魏太和时期，陇东开窟造像悄然兴起，最为显著的仍然是覆钟山和回中山：现存的有覆钟山北 1.5 公里的楼底村北 1 号窟和回中山下的王母宫石窟，形制非常相似，可见这两座山在陇东地区密不可分，由来已久，似乎印证周穆王在覆钟山以望回中山的传说。

《魏书 · 世宗纪》：永平二年（509 年）春正月，“泾州沙门刘慧汪聚众反，诏华州刺史奚康生讨之”。这一年，覆钟山下的北石窟寺及 165 窟正式创建。北石窟寺唐代题记和宋代残碑上均有记载，清乾隆六十年（1795 年）《重修石窟寺诸神庙碑记》：“粤稽厥初，盖创自元魏永平二年，泾原节度使奚侯创建。”《重修镇原县志·建置志》“寺观 · 石窟寺”云：“北魏宣武帝永平二年，泾州刺史奚侯建。”

北石窟寺 165 窟为中国最大的七佛窟，坐东面西，覆斗顶大窟，窟高 14.5 米，宽 21.7 米，深 15.7 米。窟内造像主尊为七佛，高 8 米，胁侍菩萨 10 尊，高 4 米。前壁南北两侧交脚菩萨各一身，高 5.8 米。门内南侧雕一菩萨、弟子及驭象奴乘于大象之上，通高 3.05 米；北侧雕三头四臂阿修罗天，通高 3.1 米。窟门外雕二天王，高 5.7 米，身穿铠甲，两侧雕雄狮，威武庄严。窟门上开明窗，明窗内南北浮雕千佛，窟顶四坡浮雕坐佛、伎乐、飞天、弟子、佛塔及“游走四门”“舍身饲虎”“莲花化生”等本生、佛传、经变故事画面。

第二年，奚康生又在回中山之南的永宁里开凿南石窟寺，并

图 2-13　北石窟寺全景

刊石立碑《南石窟寺》，碑文 650 余字，落款:“大魏永平三年……使持节都督泾州诸军事平西将军兼华泾二州刺史武安县开国男奚康生造。”现存南石窟第 1 窟即是，洞窟形制和窟内造像题材、内容和北石窟寺 165 窟基本一样。故有陇东“姊妹窟”之称。

覆钟山下的北石窟寺（图 2-13），经西魏、北周、隋、唐和宋、

元、明、清各代不断开凿扩建。现存大小窟龛 308 个，造像 2429 身，石碑 8 通，阴刻和墨书题记 152 方，壁画彩绘 90 多平方米，古建筑遗迹 3 处。北石窟佛教艺术是东西方文化交流的结晶，是甘肃四大石窟之一，在中国石窟艺术中占有重要的位置。1988 年 1 月 13 日，北石窟被国务院公布为第三批全国重点文物保护单位。

水不在深，滋育苍生

蒲川滔滔，茹水潺潺，两河东注，相汇于覆钟山前。五泉与北石窟寺主窟群融为一体，既滋养了来往于寺中的僧俗，又增加了石窟的神秘色彩和灵验气息。

蒲河亦称黑水河，源于环县芦家湾乡庙儿掌，由北、南两条主要支流组成，从西北向东南流经镇原县北部和中部。经环县车道乡、镇原殷家城乡、三岔乡、方山乡、新集乡、孟坝镇、王寨乡，于王寨以南流入巴家咀水库，再经太平镇、西峰区董志镇、肖金镇、

图 2-14　蒲河

显胜乡、泾川县荔堡镇，至宁县长庆桥镇流入泾河。《明一统志》卷三十六《庆阳府部 · 黑水河》记载："黑水河，在（庆阳）府城西一百二十里，源出太白山，合蒲川水流入宁州界。"河源海拔高程 1580 米，河流全长 204 千米，流域面积 7482 平方千米。蒲河支沟较多，较大支流有茹河、黑河、康家河白家河等。多年平均径流量 2.52 亿立方米。蒲河所经河谷川道古称"蒲川"，据《北史》记载，西魏文帝元宝炬大统十四年（548 年），"魏太子至原州，将东趋五原，至蒲川，闻魏帝不豫，还"。可见西魏时称蒲川，《平凉府志》和《重修镇原县志》均称为蒲川河。地方志认为旧多蒲草，故名蒲川。（图 2-14）

蒲河沿线自古是陇东黄土高原先民生息繁衍的理想地带，古文化遗存丰富，发现 2 个旧石器遗址和很多的新石器遗址。佛教石窟在沿川区域开凿较早，方山、王寨、太平镇柳咀、北石窟寺有北魏石窟。巴家咀水库有万佛洞，规模较大，淹于库区。发源地有白马城遗址，上游另有耳朵城、万安城、殷家城、柳泉城等古城址。

茹河发源于宁夏固原市大湾乡境内，流经宁夏彭阳县、甘肃镇原县，并在北石窟寺前汇入蒲河、再入泾河。茹河全长 171 公里，在历史上又称彭阳水、县川河等。茹河河谷平坦宽阔，起伏较少，便于商队携带大量物品，也便于大军行动。汉代茹河的水流量比现在更加充沛，可供兵马饮用，这也是匈奴十四万大军大举南下，老上单于选定此道进攻汉朝的重要原因。（图 2-15）

图 2-15　茹河

五泉在北石窟寺的院落有著名的五泉。《平凉府志》:“石窟寺有井曰圣井。”《李志》:“元魏永平二年，窍石为龛，建石窟寺。内可容数百人，金碧辉煌。内有井曰圣井。”覆钟山明代属镇原县五泉里管辖，清乾隆间安邑庠生郭拨群赞曰 :“泉石清幽，境况奇幻，面潮晚霞，蒲水清流。”镇原古《辑志》记载 :“今石窟寺，明五泉里，有五泉。”这里不仅泉多，而且充满神奇的色彩。1980年代王荫槐先生仅考究出圣泉、龙泉、祈雨泉、鱼泉、无名泉等五个泉的名称或位置。

圣泉位于第 165 窟内，据说就在阿修罗造像的前面，泉的外形就像一眼井，清澈见底，朝拜的香客们争着在井边舀取圣水，喝了后可以祛病强体，使人神清气爽。泉水取之不竭，随用随出，水位既不涨高也不低落，十分神奇。

龙泉（图 2–16）位于 265 窟地面下，几乎占满了该窟的地面，传说泉水深不见底，泉内藏有蛟龙，因此得名龙泉，至今龙泉二字仍刻在窟壁上。

祈雨泉在北石窟寺院落北边的开阔地带，水源旺盛，水质清澈。古时候每逢天旱少雨时，附近百姓在此祭祀祷告，祈求天降甘霖。最早的是明代嘉靖三十三年（1554 年）所立祈雨感应碑，黄砂岩

图 2-16　265 窟内的龙泉

石质，碑首竖排篆刻题铭“观音圣湫祈雨感应碑记”，“观音圣湫”或即后来的“圣泉”，碑文记述了韩潘乐祈祷求雨得降甘霖的神奇情景。祈雨风俗一直延续到近代，至今壁上有民国十八年(1929年)祈雨诗一首：“時逢己巳充旱极，众社焚香祈祷雨。上天若知诚信意，助降甘霖保群民。”

鱼泉也叫鱼儿泉，也位于窟区北段的开阔地，泉水清冽洁净，可能是古代僧人为饮水专门开挖的，后来里面养了鱼或蒲河涨水鱼儿冲进了泉中，在泉的周围还种植了一些竹子，成为寺院的一景。鱼儿泉至迟在元代已经有鱼有竹。至元六年（1340年）十二月初一日，一位没有留下姓名的游客来到北石窟寺，并在此寺居住，即兴写道：“床头针定溪边石，井底无鱼竹底游。”这位客人住在溪边的房舍中，此时天气苦寒，庭院的泉中竹子迎风而立，泉底（井底）是厚厚的冰块，没有看到鱼的踪迹。民国时期，金文江在诗中描绘：“鸟舒双翅树间语，鱼显五色水内游”，说明鱼儿泉是名副其实的。

无名泉位于第257窟内地面，与龙泉的形状及大小相似，在河水上涨时被淤泥填埋，至今没有彻底清理，仍埋于地下。

五泉中有三泉位于窟中，除了增加洞窟的灵气，便于汲取生活用水，或为香客们提供治病祛灾的“神水”外，可能还有排除山岩渗水，保持石窟干燥，使雕像及壁画免于侵蚀，相当于现代的渗水治理工程。古人将排水与用水结合起来，变害为利，消除了隐患，解决了饮水问题，还增加了寺院的景致。

雄关如铁，风塞岩岩

北石窟寺区有山有水，有险可恃，是通往西域的战略要地。山势险峻，控扼两川；两水交汇，可谓天然阻塞。东行有萧镇，西去有萧关，近处有鸡头山关卡。

萧关与萧镇

在北石窟寺的东南为萧镇，在其西沿着茹河谷道巡行，就可到达萧关。

萧镇的名字很悠久了，至少在宋代已经有此称。为什么有此称，史书没有明确的说明，根据其所在位置，与萧关有关联，可能取义“萧关道上之重镇”。

萧关是关中西北面的重要关隘，也是关中与塞北之间的交通要冲，主要用来抵抗塞外游牧民族的侵略。所以，清朝历史地理学者顾祖禹称萧关“自秦汉以来，为华戎之大限”。

鸡头山关卡位于蒲河、茹河交汇处西侧的凤山（也叫南石咀），扼守关桥渡口的要塞（图 2-17）。原有地面构筑物不明，仅存控制吊桥的石窑，在 10 米高的崖壁上。石窑有 1 个南北向的主洞和 2 个从主洞向东伸出的副洞，北副洞向崖壁钻通一个瞭望孔，南副洞向崖壁钻通一个大孔作射箭孔，凿通两个朝地面倾斜的小孔做吊桥锁绳孔和起吊孔。

关卡入口位于北侧石崖的一块巨石下，竖井式开凿竖洞作入口，竖洞上部横插槽痕迹，显然是用来封闭洞口的，竖洞两壁有

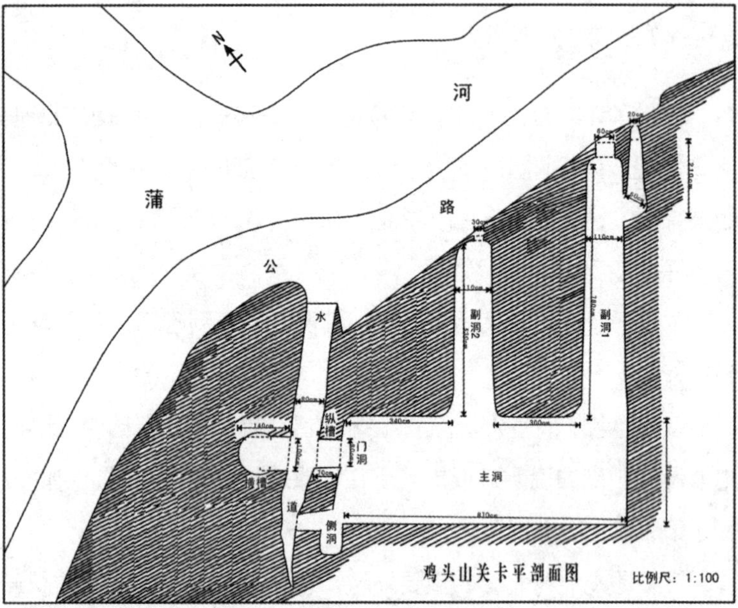

图 2-17　关卡平剖面图

脚窝，向下延伸到洞底，用于上下攀登。竖洞与关卡石洞之间有巨大的裂隙，裂隙两壁凿有竖插槽，用以插闸板，将关卡与外隔断封闭，防护严密。

原有地面构筑物不明，仅存控制吊桥的石窑，石窑有一个南北向的主洞和两个从主洞向东伸出崖面的副洞，北副洞向崖壁钻通一个瞭望孔，南副洞也向崖壁钻通一个孔，低于北侧瞭望孔，孔的下沿有两个槽，推测为射箭孔。南副洞上下凿有两个孔，向崖壁钻通，上面的孔为锁绳孔，下面的斜孔吊桥缆绳起吊孔。

石关卡内刻有宋金和明代题记。向下 80cm 南侧有一方形小门（100cm×70cm）直通石室主洞。主洞平面为长方形，圆拱形顶，南北长 870cm、宽 320cm、高 170cm，圆形顶较平。在主洞东边又开三个副洞。北副洞从西向东深 530cm、宽 110cm、高 120cm，东端上部开（30cm×20cm）大的瞭望孔。南副洞从西向东深 780cm，宽 110cm，高 145cm，东端中部开（50cm×30cm）大的射孔，孔下沿有两条箭杆磨痕，上方有一个小孔，推测为吊桥缆绳控制孔。缆绳控制洞从西向东深 210 厘米，宽 64、高 120cm，东端底部开（50cm×20cm）小槽，通到约 20cm 大的小口。在南副洞的南壁发现刻有："贞（？）祐七年十一月四日"、"天启六年鸡头山关卡"。

三

石窟径从百世传

交通便利的地方，一般会成为僧侣弘法的最佳地点，北石窟寺是陇东地区一处窟群集中、造像数量巨大、历史信息丰富、艺术价值极高、延续时间很长的的典型石窟文化遗存。其范围包括寺沟石窟、石道坡石窟、花鸨崖石窟、石崖东台石窟、楼底村 1 号窟等几个窟区，南北延续 3 公里。截至 2007 年，在窟区发现大小窟龛 308 个，石雕及彩塑造像 2429 身，壁画彩绘 90 平方米，石碑 8 通，阴刻和墨书题记 152 方，清代建筑遗址 3 处，古建戏楼 1 座。

北石窟寺发展历史

北石窟寺在北魏到北宋五百年间的发展过程中，造像活动未曾中断。北石窟寺各个历史时期的开窟造像及不同的艺术风格、作为信仰场所的崇奉倾向，也同样受到不同时期社会思潮的影响和支配，其造型艺术的想象力也同样来源于当时的社会现实。

创建时期

在中国佛教造像史上，随着时代和社会的变迁，佛像的开凿也体现了不同的审美标准，寄托着一代或几代人的审美理想，任何艺术作品都是各个时代显示生活的折光和自我异化的表现。从太延五年(439 年)北魏消灭北凉,统一黄河流域,到开皇元年(581 年)隋朝建立，北朝先后经过北魏、东魏、西魏、北齐、北周五个朝代，历时一百四十年。在这一历史时期里，先后控制陇东的是北魏、西魏和北周。北石窟寺就初创于这一历史时期，并且在统治者的支持下，得以创建。

自从北魏永平二年（509 年）第 165 窟凿成，便有了北石窟寺确凿的历史。关于北石窟寺营造的原由，一般认为是奚康生在镇压刘慧汪起义之后开窟雕凿的。北魏时期开凿的洞窟有七个，分别是第 113 窟、第 165 窟、第 229 窟、第 237 窟、第 244 窟、第 250 窟、楼底村 1 号窟(又称北 1 号窟)。其中最有代表性的，是第 165 窟和楼底村 1 号窟。

西魏时期的造像窟龛有三个：第 44 窟、70 窟、135 窟，造像的面形带有北魏晚期削瘦清俊的特点，同时也能够看出，人物风貌开始由清瘦俊美向丰腴健壮转变。保存较完整的是 135 窟。

北周历史较为短暂，其间还发生了周武宗灭佛，但北石窟寺造像活动还是未曾中断，开凿的窟龛有 23 个。相继开凿的中型窟以及小型窟有第 60 窟、96 窟、71 窟、106、119 窟等。开大型窟 1 个：第 240 窟。北周佛像在继承前代的基础上也有所创新，如造像比例合理，手法娴熟，佛、菩萨、弟子及供养人的面容、服饰等都有与前代不同的特征，准确地反映出佛、菩萨、弟子超然气度和供养人的虔敬。

繁盛时期

郭朋在《隋唐佛教》前言中指出，隋唐时代，中国封建社会进入鼎盛时期，佛教的发展也达到了顶峰；中唐以后封建社会由盛而衰，佛教也相应的每况愈下，“南北朝佛教，是为隋唐佛教作准备；宋以后佛教，是隋唐佛教的余绪”。综观北石窟寺的开窟造像历史，这种观点完全适用。

进入隋代，南北朝时期的“秀骨清像”慢慢褪去，转而被一种丰满圆浑、体粗颈短、面相丰圆的风格所替代，为唐代佛教造像风格的形成打好了基础。北石窟寺隋朝佛龛有 63 个，以中小型为主要形制的窟龛。比较有代表性的有第 53、55、81、85、96、151、194、199、200、204、206、224 等。最具代表性的为 85 窟和 151 窟。这些窟龛平面有方形，有半圆形，有平顶和穹隆顶等形制；有三佛二弟子二菩萨二力士组合，如第 21 窟；有三佛四菩萨二弟子组合，如第 151 窟；有一佛二弟子二菩萨组合，如 103 窟、第 149 窟；有一佛二弟子二菩萨二供养人，如第 85 窟。佛多作低平肉髻，面相丰圆，躯体健美而秀丽，服饰为内着僧祇支，外着双领下垂袈裟，有的腰际束一带于胸前打结下垂（128 龛）。菩萨多作较低平发髻，上戴宝冠或束花蔓，宝缯自然下垂肩前；身材均匀而修长，上身袒露，戴项圈，下着长裙，披巾横于胸腹之际两道或膝盖处一道，胸前挂长璎珞（224 窟）。更特别的是主尊戴华冠，宝缯束发，身着佛装，结跏趺坐于方台上，二弟子或二菩萨侍立两侧（48、93、115 龛）。这种形式在别的石窟造像中十分少见，是北石窟寺造像的又一特征。

在经历隋朝造像的沉淀和铺垫之后，唐朝石窟造像艺术迎来了一个新的高峰，其造像丰满健壮，雍容典雅，彰显出鲜活而真实的生命力。唐代石窟是北石窟寺开龛造像最兴盛的时期，窟龛多达 211 个，占全部窟龛三分之二以上。除了修凿少数大型洞窟外，绝大部分为方形或长方形浅龛。具有代表性的有 159、171、212、32、253、254、257、222、263、267 等窟龛，其中以 171、210、32、257、222、263、267 等窟最为重要。第 263 窟主佛的温和慈祥，222 窟的庄严镇定，32 窟和 222 窟菩萨身段的秀美、文静善良而又美丽的女性造型以及天真无邪的阿难、世故深沉的迦叶形象，给人们留下了难以忘怀的印象。这些艺术形象充分反映了陇东人民勤劳善良、坚韧不屈的性格特征和对美好生活追求向往的愿望。为后世留下了一处精美弥珍的艺术宝库。所存的唐代佛像温和、慈祥、庄严、丰满，已经摆脱了外来影响而具有鲜明的本民族特色，折射出辉煌富丽、豪迈博大的大唐恢宏气象。

衰落时期

唐朝中期以后，中国封建社会开始走向它的后期，宋朝以后更加快了衰落的步伐。过去佛教造像给人们的崇拜、信仰、神秘、慈祥的感觉也被贫乏、无力、毫无生气的感觉所取代，人间世界的生活战胜了天国的信仰，宗教的虔诚、狂热、痴迷终于在中国走向衰落。今日所见宋朝时期开凿的窟龛只有两个，但作为一座很有影响的历史名刹，仍然吸引了众多游客驻足，在信仰功能淡化的同时，它的观赏价值却得到提高。

中国古代石窟造像伴随着佛教的发展变化及各个时代政治、经济、文化的变化呈现出不同的风貌。元朝以后，在北石窟寺及周边佛寺的造像和修缮活动中，神性在消失，而人性在增长，世俗化倾向更加明显。北石窟寺不再出现大规模的造像活动[①]，虽然也有石窟修葺和宗派排序活动，但总体上呈现出衰落的趋势，其功能也逐渐由佛教信仰的圣地转变为民间信仰和世俗活动的场所。

到了明清时期（1368—1911 年），开窟造像活动基本消歇，但维修活动却没有终止。从现存的碑铭看，明清时期北石窟寺至少有过八次修葺活动。从正德元年（1506 年）到宣统元年（1909 年）的 400 多年间，北石窟寺经历了八次维修，平均半个世纪修缮 次。但从总体上看，没有出现大的改观，其衰败的状况却愈来愈显现出来。如第 222 窟，“窟内的颜色为明清时期当地信士重新彩绘”[②]，又如第 241 窟为北周开窟，唐代在西壁增开四个小龛，

---

①宣统年间虽然也有塑像和绘制壁画的活动，但其题材却是《封神演义》中的三霄娘娘，宣传道教文化。

②甘肃北石窟寺文物保护研究所：《庆阳北石窟寺内容总录》，文物出版社 2013 年版，第 200 页。

晚清时期进行了全面的补绘[①]。这些维修活动一方面保护了古佛，阻止了石窟不断残破的步伐，但同时也掩盖了北朝及隋唐时期壁画的华彩，对古代艺术品造成了一定的破坏。

清朝中叶以后，“更是国是日非，国运日厄；而与封建制度同命运、共盛衰的佛教，自然地也就更加日趋没落，每况愈下了。清代佛教，正是在这种时代背景下勉强地维持其存在的”[②]。嘉庆二年以后，北石窟寺进行了四次较大规模的重修，但人为的破坏在这一百年间也是最严重的，特别是同治年间的战乱所造成的破坏。郭朋认为，清代佛教“只不过是前代佛教的一种微弱的历史回声和即将干涸的历史河流中的余湿而已”[③]。这个论断用在明清北石窟寺的演变上也是十分恰当的。同时，根据佛教世俗化的要求，各种民间信仰不断渗入，使北石窟寺文化呈现出不同于以往的特色。在实用理性压倒一切的国度里，走向民间化是北石窟寺发展的必然归宿。

①甘肃北石窟寺文物保护研究所：《庆阳北石窟寺内容总录》，文物出版社2013年版，第213页。

②郭朋：《明清佛教》，福建人民出版社1982年版，第318页。

③郭朋：《明清佛教》，福建人民出版社1982年版，第321页。

北石窟寺碑铭与题记

根据普查统计，在北石窟寺的300多个洞窟中，保留下了历代碑刻题记达150多则。从内容上看，除了个别几条只书写年号或甲子纪年，而没有游客姓名及游历以外，大体上可以分为以下几种。

碑中乾坤

北石窟寺保留下来的碑铭主要有八通，其中宋代两通、明代两通、清代四通。有北宋绍圣元年（1094年）《原州彭阳县石窟寺盂兰会记》、清乾隆五十三年（1788年）《重修石窟寺诸神庙碑记》。

宋残碑 现存放于第165窟前，碑石上下残缺，残存的23行文字反映了北石窟寺的历史情况和宗教活动，文字表明这是宋朝绍圣初年重修石窟寺之碑，其时寺主为惠果，碑文回顾北魏永平二年泾州刺史奚侯创置该寺，并且盛赞北石窟寺“乃真安禅之(所)”①。

北宋绍圣《原州彭阳县石窟寺盂兰会记》碑 现存放于第165窟，刻于北宋哲宗绍圣元年（1094年），真实而生动地记载了北石窟寺举行的盂兰盆会。

明正德佛灯及《重修佛灯记》碑 佛灯现安置在第165窟地面正中，《重修佛灯记》镶嵌在第165窟门道北侧，刻于明朝正德元年（1522年）正月十五日，记述了重修殿宇、立灯捐油等。从戒语看，并非所有的人都是虔敬者，有许多人不惧神灵降灾，敢于偷盗寺中的灯油，使得虔诚的安泰对“近年专一盗油或虽借不还者”而影响供佛的行为感到很恼火，诅咒说：“若有不善男女专心盗油，永堕地狱，托生禽兽。”

明嘉靖《观音圣湫祈雨感应碑记》 现树立于第165窟门外南侧，明朝嘉靖三十三年（1554年）所立，叙述了祈雨泉求雨得降的神奇情景。

清康熙《大清碑记》 现树立于第165窟门外北侧，康熙

---

①甘肃北石窟寺文物保护研究所编著：《庆阳北石窟寺内容总录》，文物出版社2013年版，第258页。

四十三年（1704 年）附近村民信士修建，石窟山门后立一通功德碑。

清乾隆《重修石窟寺诸神庙碑记》 现置于第 165 窟内，刻于乾隆六十年（1795 年），表明这一时期已经不可能出现北魏、隋唐时期的凿窟热潮，主要是对已有石窟造像的修补和完善。

清嘉庆《重修石窟寺碑记》 现存于第 165 窟内，刻于清朝嘉庆二年（1797 年）。

清道光碑 原为水云寺的石碑，现放置在第 165 窟内，刻于道光十四年（1834 年）。

题记内容

北石窟寺窟龛及崖壁上留下了历代阴刻和墨书题记 150 余处，内容丰富。北石窟寺题记时间最早的是隋代 6 个阴刻供养人姓名。从时间看，唐代阴刻题记共 11 处，均为纪年加供养人及开窟造像发愿文格式。宋金时代阴刻题记共有 37 处，书法艺术价值较高。以淳化三年（992 年）六月“重修此寺”为最早，其余多为游览感慨题记，少数为即兴题诗。最具代表性的是北宋政和戊戌年（1118 年），抗击西夏名将种师道“统五路兵出鄜延，郡倅钱坚迎谒境上……回中宋延年继至，相与留恋，抵暮而归”。柳体风格，笔力挺秀遒劲，语义慷慨激昂，豪情满怀。9 年之后，金军占领开封，掳走宋徽宗和宋钦宗，北宋灭亡。1140 年，庆阳沦陷，彭阳县令留下“自解职彭阳，俄复四载，光阴易得，益使人兴叹”的题记，苍凉悲戚至极。

从内容上看，除了个别几条只书写年号或甲子纪年，而没有游客姓名及游历以外，大体上可以分为以下三种：

第一种是佛事活动及发愿造像的记录，如第 32 窟“淳化三年六月重修此寺”、第 165 窟明窗北壁的罗汉旁阴刻“施主闻哼刊罗汉一尊”“施主安国刊罗汉一尊”等，告诉人们北宋时期第 165 窟的十六罗汉的开凿时间和出资者。

造像记文记录造像者的信仰、愿望及其追求，记文长短不一，短者只有数字，如北石窟寺第 32 窟“淳化三年六月重修此寺”、第 165 窟明窗北壁的罗汉旁阴刻“施主闻哼刊罗汉一尊”、“施主安国刊罗汉一尊”等，告诉人们北宋时期第 165 窟的十六罗汉的开凿时间和出资者。长者可达数十字乃至上千字，内容包括造像时间、造像人、造像题材及发愿文字等。

北石窟寺第 171 龛：

□显庆元年岁□□□六月甲午□□日壬□木□□崇义□故□□洛□□苻□□造像一龛□□托生西方□□皇帝口及□□四海□兴。①

第 210 龛：

显庆四年九月廿五日清信女杨大娘为亡夫敬造阿弥陀佛一龛愿亡者托生西方俱登正觉清信女屈大□□□□

①甘肃北石窟寺文物保护研究所编著：《庆阳北石窟寺内容总录》，文物出版社 2013 年版，第 165 ~ 166 页。

一心供养。[①]

第32窟：

大周如意元年岁次壬辰四月甲午廿八日戊戌太州仙掌县人奉义郎行泾州临泾县令杨元裕敬造阿弥陀佛像一铺。[②]

第257窟：

惟大周证圣元年岁□乙未六月己酉朔廿五日□□县朝散大夫行宁州奉义县令安守筠为世代父母见存眷属及法界苍生于宁州北石窟寺造窟一所一佛二菩萨迦叶舍利。[③]

第二种是民间信仰的记录。北石窟寺第178龛顶部墨书题记："大清乾隆六十年二月……位列上中下，才分天地人，五行生父子，八卦定君臣。"[④]这四句话本是天理教（八卦教）的要诀"位列上中下，才分天地人"，说的是教内的层次等级，"五行生父子"说的是宗族血缘关系，而"八卦定君臣"则说的是教内的组织结构，这个要诀表达了天理教（八卦教）借用旧的传统的思想资料，体

①甘肃北石窟寺文物保护研究所编著：《庆阳北石窟寺内容总录》，文物出版社2013年版，第181页。

②甘肃北石窟寺文物保护研究所编著：《庆阳北石窟寺内容总录》，文物出版社2013年版，第91页。

③甘肃北石窟寺文物保护研究所编著：《庆阳北石窟寺内容总录》，文物出版社2013年版，第225页。

④甘肃北石窟寺文物保护研究所：《庆阳北石窟寺内容总录》，文物出版社2013年版，第168页。

现教内的等级观念和内容。据《钦定平定教匪纪略》卷一和《靖逆记》卷五的说法，天理会要诀诞生在天理会成立（1812年）后，而北石窟寺的墨书要诀则标明为乾隆六十年（1795年）。明清时期北石窟寺一代的民众信仰的世俗化，为民间宗教的传播提供了现实的土壤。

第三种是游人题记。古代北石窟寺地处山水之间，又处于萧关古道的要冲，是附近文人雅士朋友聚会交流感情的重要场所。游人们游览观光之余不惜笔墨描绘石窟景致："群山铺翠，万花争红，幽禽发声，清泉泻韵，山间佳趣，斯尽之矣。"游人挥笔题诗："水云深处藏何寺，石窟径纵几世传。我苦劫成名利役，暂游真境欲忘筌。"这些饱含禅趣的诗作反映出了游客"寄至味于淡泊"的心境和意趣。游人题记真实地反映了古代游客的游览情况，对于我们研究旅游史提供了重要的见证。

古代北石窟寺是附近文人雅士朋友聚会交流感情的重要场所，游人们在游览观光之余不惜笔墨描绘北石窟的景致：春天，但见"群山铺翠，万花争红，幽禽发声，清泉泻韵，山间佳趣，斯尽之矣"[①]。如此美景激发了游人的诗兴，挥笔题诗"以为异日之记"，说明在观赏石窟及周围山水时精神上得到一时的宁静。游人们放

---

①甘肃北石窟寺文物保护研究所编著：《庆阳北石窟寺内容总录》，文物出版社2013年版，第162页。

下现实生活中的喜乐忧患，登上佛阁放眼远眺，只见“暮雨初收，蒲川上草色连云，济花稀□□潇洒，景正当愁，思更□□”，乡思国愁一齐涌上心头。人们礼佛的同时，也顺便欣赏前人题记，禁不住产生前不见古人，后不见来者的喟叹：“石之有窟，非一日之功也，其功非一人之力也，以余今之望昔，相后千百世之人望余今日也。”[①]游客走进石窟观赏前人题识，很容易将历史的沧桑与人生的遭逢联系起来：“自解职彭阳，俄复四载，光阴易得，益使人兴叹，因笔以书。”[②]游人题记真实地反映了古代游客的游览情况。

宋代以后绝大多数题记为墨书，内容仍以游览留名为主，个别为施造佛灯、修缮石窟记载，并出现向佛祖申冤诉苦的内容，文字简略，史料价值不如以前。民国题记有 23 处，以绝句和打油诗为主，或触景生情，或感悟人生，颇具时代特色。不仅是我们了解北石窟寺历代建设情况的珍贵史料，而且涉及当地古代行政建置、重要历史人物、重大军事行动和历史事件，从不同侧面反映了当地经济情况和民间宗教信仰、文化风俗等状况，具有很高的历史、艺术和科学价值。

---

①甘肃北石窟寺文物保护研究所编著：《庆阳北石窟寺内容总录》，文物出版社 2013 年版，第 162 页。

②甘肃北石窟寺文物保护研究所编著：《庆阳北石窟寺内容总录》，文物出版社 2013 年版，第 161 页。

文化价值

为石窟断代工作提供重要的参考依据。历史上各个时期开凿的洞窟有不同的艺术特点和风格。北石窟寺三分之二的窟龛属于唐朝作品，可惜没有留下当年造窟时的文献记录。我们从功德主的造像发愿文中能够发现开窟的具体时间。第 257 窟及第 171 龛、第 210 龛、第 32 窟的题记时间比较集中，都是在唐高宗和武则天时期，最早的是在高宗显庆元年（656 年），最晚的在武则天大周证圣元年（695 年），相隔仅 40 年。这就告诉我们唐高宗到武则天时期是北石窟寺发展史上的黄金时期，许多重要的石窟都开凿于这一时期。

为研究北石窟寺名称的演变提供了资料。北石窟寺在各个历史时期有不同的名称。自从北魏开凿第 165 窟即称北石窟，唐朝沿用此名，第 257 窟发愿文中有“于宁州北石窟寺造窟一所一佛二菩萨”的记录。宋朝被称作石窟寺，刻于北宋绍圣元年《原州彭阳县石窟寺盂兰会记》即有此称：“石窟寺灵迹胜概，历历可览。”元朝时期北石窟隶属彭阳县，而其位置恰好在彭阳县的东侧，所以被称为东大石窟寺，“镇原州武安乡彭阳县东大石窟者，乃大元之前古圣迹也”。清朝，人们称这座佛教宝窟为石窟寺，嘉庆二年《重修石窟寺碑记》中说：“于嘉庆二年三月十五日立牲畜会，以行祀典，所收税务一半输官，一半留为香火之资，永为定例。”这时的北石窟寺不仅恢复了宋朝时期的称呼，而且也凸现了经济功能。

为研究民族关系史提供了资料。宋朝时期，民族矛盾尖锐，宋朝先后与西夏和金在陇东一带展开争夺。种师道是抗夏名将，他率兵过彭阳时受到人们的欢迎。第 165 窟门内北壁阴刻“政和戊戌（1118 年）夏五月甲辰，大帅种公统五路兵出鄜延，郡倅钱坚迎谒境上，因率巡检祁谨、权邑淳于铎、县尉元沣、工曹范直方同过彭阳石窟寺，回中宋延年继至，相与留恋，抵暮而归”。南宋时期陇东一带归金人统治，在宋金交替之际，使用哪个政权的年号是很敏感并且很值得关注的问题。早在金太宗天会八年（1130 年）十一月，“原州降。宋泾原路统制张中孚、知镇戎军李彦琦以众降”。次年正月，“泾原、熙河两路皆平”。是时北石窟寺地属原州，而绍兴元年“张中孚以原州叛降于金”。之后，游客题记仍然沿用南宋年号，第 165 窟门内北侧阴刻“绍兴庚申（1140 年）三月末，蒙勉功缘宪檄经此。自解职彭阳，俄复四载。光阴易得，益使人兴叹。因笔以书”。从题记继续使用南宋年号可以看出民众对宋不能忘怀。宋金议和之后，陇东一带的归属已成定局，所以北石窟寺的题记也开始出现金朝年号，如第 165 窟门外北侧阴刻“皇统甲子（1144 年）中春社日，郑彭寿携家来游……”；窟门南侧阴刻“皇统丁卯（1147 年）冬十月三日庞仲由”。

为考察北石窟寺的发展提供线索。元朝延祐石刻告诉我们北石窟寺的佛教信仰倾向及其僧徒法属名号的排列情况，从中我们可以知道，有关历代祖师宗派情况的碑铭材料一并遗失，到延祐年间已经见不到了。延祐七年之前的数百年间，北石窟的僧侣的辈分以及字号很清楚，有宗、善、道、普、子、义、了等。延祐七年之后，寺中弟子将按照如、应、真、实、德、闻、悟、妙、智、慧等辈分排列。这为我们打开了一扇了解古代北石窟寺内部状况及其发展历程的窗户。

北石窟寺人物

北石窟寺供奉的是佛教诸神，探寻和膜拜神性似乎成为主题，但历史是人的活动，文化是人的创造。不是神创造人，而是人创造了拟人化的神。人的创神和跪伏叩拜，人的游历、观瞻和评判，也构成北石窟寺文化的重要内容。

胡太后

胡太后临朝执政期间，大力推行佛教，修建永宁寺，开凿龙门石窟。在古阳洞南壁（正光三年，522 年）、西山老龙窝（正光五年，524 年）、西山莲花洞北壁（孝昌元年，525 年）和西山火烧洞（年代不详）中，迄今仍可见到与胡太后及其家族有关的题记，极大地推动了北魏末期佛教事业的迅猛发展。洛阳龙门石窟的营建就是于这一时期进入高潮的，引起全社会的崇佛风气盛行。公元 518 年，洛阳城内佛教寺院已超过五百。胡太后还注重同西方佛教文化的交流，公元 518 年，她派遣崇立寺沙门惠生、敦煌人宋云入印度求取真经。正光三年（522 年），宋云等人取得《大乘经论》一百七十部回国，极大地丰富了北魏佛教的实质与内涵，使北魏末期佛教的发展达到极盛，北魏末期佛教的兴盛，促进了文化的融合与积淀，创造了丰富多彩的佛教文化，为中华文明增添了光彩夺目的瑰宝。

胡太后临朝听政之初，颇有一番作为。她每日临朝批阅朝臣奏章，对重大案件亲自决断，亲自考核地方官员，一时之间，朝纲肃整，百官膺伏。随着拥有不受约束的最大权力，她逐渐追求奢靡，荒淫堕落，导致河阴之变，被沉入黄河溺死。事变过后不久，北魏分裂为东魏和西魏。

胡太后死后被埋于双灵寺。孝武帝时，以皇后之礼重新殡葬，追谥号灵皇后。

奚康生

宋代残碑中有“泾州节度使奚俟（侯）建置”的记载，清朝乾隆六十年《重修石窟寺诸神庙碑记》中说：“创自元魏永平二年泾原节度使奚侯创建。”民国《镇原县志》卷十九载：“石窟在县东九十里，元魏永平二年泾州节度使奚俟创置。”奚康生是一位对北石窟寺的发展贡献最大的历史人物，他主持开凿的第 165 窟是北石窟寺中洞窟面积最大、内容最丰富、佛教艺术价值和历史资料价值最高的一个。

奚康生（468—521），河南洛阳人，其祖上是代人，世代为部落大人，本姓达奚。祖父达奚直为平远将军，柔玄镇将，入为镇北大将军，内外三都大官，赐爵关内侯。父亲达奚普怜，没有出仕。奚康生的出身不算是鲜卑最显赫的贵族，主要是在战争中建立功勋而逐步取得高官厚禄的。孝文帝迁都洛阳以后，于太和十九年下诏曰：代人南迁者，悉为河南洛阳人。二十七岁的奚康生改籍洛阳，并且改姓奚。

奚康生自幼投军，他骁勇善战，为当时所服。太和十一年（487年），十九岁的奚康生随柔玄镇都将李兜讨伐蠕蠕（北魏对柔然族的蔑称），屡次冲锋陷阵，累立战功，壮气有闻，被擢拔为宗子队主。太和十八年（494 年），已经迁都洛阳的孝文帝御驾亲征南朝齐，遭到重挫，孝文帝情急之下下令“能破中渚贼者，以为直阁将军”。奚康生率领军队冲向敌阵，“缚伐积薪，因风放火”，用火攻的办法焚毁齐军的战船，并且乘着浓浓的烟雾杀入敌人营地，与齐军短兵相接，打乱了敌人的阵脚。南朝齐的军队溃不成军，“投河溺死者甚众”。[①]这次作战中，北魏各支军队都无功而退，只有

①《魏书》卷七三《奚康生传》，中华书局 1974 年版，第 1629 页。

奚康生率领的人马取得显著的战果，孝文帝将他提升为直阁将军。太和二十二年（500年），奚康生随孝文帝再度征讨南朝齐，他以强弩射死义阳守将张伏护，随后打败赶来援救的齐军将领裴叔业，得到孝文帝的嘉奖，“赏二阶，帛一匹”。奚康生奉命带领羽林军进入寿春城受降，然而齐的援军到来后，城内军民又开始动摇，想回归南朝。奚康生果断下令加强城池的防御，封锁与城外的一切联系，在寿阳城死守以待北魏援军的救援。一个月后形势好转，奚康生出寿阳城打败南朝齐桓和、陈伯之的军队，夺取梁城、合肥、洛口等军事要塞，给南朝齐以重创，他也因此得到北魏政府的封赏，“以功迁征虏将军，封安武县开国男，食邑二百户”。① 不久，奚康生出任南青州（治团城，今山东沂水）刺史，但作为一个以武功上台的地方行政长官，他的重点活动似乎并没有放在管理政务上，而是继续征讨，哪里有战事就到哪里。正始三年（506年），南朝梁的军队进攻淮阳，宣武帝诏令平南将军奚康生出兵抵挡，奚康生迅速抵达前线，斩梁徐州刺史宋黑，凯旋而归，朝廷“赏帛千匹，赐骅骝御胡马一匹”。②在此之后，奚康生又被任命为华州（治华阴，今陕西华阴县）刺史、平西将军，任内“颇有政绩”③。永平二年（509年）春正月，泾州（治安定临泾，今甘肃镇原县）沙门刘慧汪聚众反魏，宣武帝诏令奚康生兼任泾州刺史，出兵镇压。41岁奚康生立即行动，挥师西向，反魏力量很快被奚康生残

---

①②③《魏书》卷七三《奚康生传》，中华书局1974年版，第1631页。

酷地镇压下去。永平四年（511 年）冬十一月，奚康生又受诏出兵寿春，阻击梁武帝的北进。熙平初（516—518 年），奚康生出任相州（治邺城，今河北临漳）刺史。

宣武帝死后，权力掌握在胡太后手中，奚康生也离开相州回到京城洛阳，任光禄卿、领右卫将军，他的儿子奚难也被任命为千牛备身，负责宫廷护卫。奚氏父子在朝中的地位颇为重要。正光元年（520 年）元叉、刘腾等人计划夺取胡太后的权力，奚康生也参与其事，并且很快将胡太后的权力褫夺了。但奚康生自十九岁起就为北魏政府卖命，忠于元魏统治。当他看清元叉等人是些政治阴谋家，只是为了自己的利益而不是为了社稷着想，甚至将皇帝放在一边时，又开始倾向于胡太后。正光二年（521 年），奚康生在宴会上跳力士舞，多次向胡太后示意杀掉元叉等人，胡太后虽然明白他的意思，因考虑到元叉的势力太大而不敢表示赞同。奚康生在宴会散时杀掉了元叉的亲信元思辅，向元叉势力挑战。由于元叉已有所防备，加上奚康生只是一介武夫，在宴会上喝酒太多，身体不能支持，被元叉部属所抓获，连夜审讯后就被处以斩刑，死时五十四岁。

奚康生是一位充满戾气的猛将，任相州刺史时曾因天旱令人鞭笞石虎的画像，又到西门豹祠祈雨不获，下令拔下西门豹塑像的舌头。他生活在佛教信仰如日中天的时代，冯太后、孝文帝、宣武帝、胡太后等先后执掌朝政的人物都是些虔信佛教的人。受到时代风尚的熏陶，奚康生信仰佛教，“奚康生久为将，及临州，多所杀戮，乃信向佛道，每舍居宅立寺塔，凡历四州，皆有建置”。他在其他三州所建的佛教寺宇已不可考察，在担任泾州刺史期间所开凿的北石窟寺和南石窟寺却是非常清楚的。《南石窟寺之碑》文末有“大魏永平三年岁在庚申四月壬戌朔十四日乙卯，使持节都督泾州诸军事、平西将军兼华泾二州刺史，安武县开国男奚康生造”的明确记载。在泾州任上，“以辄用官炭瓦为御史所劾，削除官爵，寻旨复之”。炭瓦是修建寺院必不可少的建筑材料，挪用官方炭瓦，大概是用于修建北石窟寺、南石窟寺等佛教寺院的。以奚康生个人以及地方官们的财力很难完成北石窟寺和南石窟寺这些庞大的工程，只能运用手中的权力，借助官方的财力、物力建寺造像。他在各州建寺造塔,甚至施舍屋宅立寺塔,以广种福田，迎合了时尚和统治者的旨趣，得到北魏统治者的赞赏，所以在受到御史弹劾后只是受到轻微的处罚，对他的仕途没有产生任何负面影响，反倒使他从地方官一步步地升为京官,《南石窟寺之碑》记载“终复袭爵”。

唐宋至清朝的几位县令

杨元裕太州人，唐朝武则天时期的泾州临泾县令。北石窟寺第 32 窟的造像发愿文中说：

大周如意元年岁次壬辰四月甲午朔八日戊戌太州□堂县人奉义郎行泾州临泾县令杨元裕敬造阿弥陀佛像一铺。

凡夫普明□眼慧□六通海镜无□而临有际倾心雾

□□奉□奔者钦临泾县令杨元裕奉为亡□银青光禄大夫行□台待□行泾州□□亡姐弘□郡夫人□□□氏敬造阿弥陀佛一铺弘□□……

从这段残缺的发愿文中，我们可以看出，第 32 窟功德主是杨元裕。太州即华州，治华县，据《旧唐书·地理志》记载关内道华州于垂拱二年（686 年）“改为太州，神龙元年，复旧名”。《旧唐书》卷七十七《杨元亨传》中说，华阴人杨元亨是隋朝尚书令杨素的侄孙，武则天时为司府少卿，官至齐州刺史，弟杨元禧官至台州刺史，杨元祎官至宣州刺史①。杨元裕很有可能是杨元亨的同族兄弟。

大周如意元年（692 年）四月二十八日，杨元裕出资开凿了以阿弥陀佛为主尊的佛窟，以表达他对阿弥陀佛的敬奉。杨元裕开窟造像的目的在发愿文里也说得很清楚，是为了追荐其去世的姐姐弘（化？）郡夫人。

安守筠　武周时期宁州丰义县令。北石窟寺第 257 窟留下了唐朝武则天时期的一条造像发愿文：

惟大周证圣元年□□□未六月己酉朔廿五日□□县朝散大夫行宁州丰义县令安守筠为世代父母见存眷属及丨界苍生丁宁州北石窟寺造窟一所一佛二菩萨迦叶舍利□七世□□□□□讫以此功□□除八难□□安生亡□□

①《旧唐书》卷七七《杨元亨传》，中华书局 1974 年版，第 2676 页。

解脱永世有□□咸登正觉。

从这段文字中我们可以看出，安守筠是第 257 窟的功德主，开凿 257 窟时担任宁州丰义县令，当时北石窟寺就在他的辖区。从当时的姓氏状况来看，似应为昭武九姓中的安姓人。

高舜俞 北宋绍圣年间原州彭阳县令，他本人并不信佛，绍圣元年七月十四日，率领部属外出督查秋粮种植情况，路过北石窟寺，目睹了盂兰盆会前一天的宏大场面，并在《原州彭阳县石窟寺盂兰会记》中详细记载了北石窟寺盂兰盆会的盛况，为研究宋代北石窟寺佛教节会和民间活动情况留下了宝贵的资料。

高道华 北宋东都（今河南开封）人，宋徽宗崇宁（1102—1106）年间任原州彭阳县县令，他于崇宁二年（1103 年）二月清明时节，带领自己的家属以及一些好朋友一块来到北石窟寺郊游踏青，写下了七绝一首："水云深处藏何寺，石窟径纵几世传。我苦劫成名利役，暂游真境欲忘筌。"这首诗准确地反映出了宋代文人"寄至味于淡泊"的心境和意趣，是石窟寺游记中的上乘之作。

宋运贡 光绪年间镇原县令，颇有政绩，博学多才，以机智闻名。光绪戊申（1908 年），宋运贡游览了北石窟寺，于第 165 窟西壁墨书题记："光绪戊申夏后三日，镇原县令宋运贡游此。立定脚根，扫除心地。宋牧九又题。"[1]

---

①詹社红、米万忠：《北石窟寺历代题记辑录》，《敦煌研究》2013 年第 4 期，第 50 页。

莅临北石窟寺的宋金将领

种师道 北石窟寺第165窟门内北壁阴刻“政和戊戌(1118年)夏五月甲辰，大帅种公统五路兵出鄜延，郡倅钱坚迎谒境上，因率巡检祁谨、权邑淳于铎、县尉元沣、工曹范直方同过彭阳石窟寺，回中宋延年继至，相与留恋，抵暮而归。”文中的大帅种公是北宋后期的名将种师道。

种师道 字彝叔，洛阳人，名将种世衡的孙子。洛阳种氏三世都是西北抗击西夏的名将，长期在陇东担任地方官，深受当地百姓的爱戴。种师道最初任文职，后为将，继承祖业抵御西夏的入侵。宋朝先后与西夏在陇东一带展开争夺。宋徽宗政和六年（1116年）正月，宋将种师道率领十万之众攻克夏藏底河城(在今镇原县境内)。十一月，种师道率领军队筑席苇平城（今镇原新城），不久，夏人大举进攻，攻陷后大肆屠城。种师道率领精兵于十二月将城重新夺回来，徽宗皇帝御赐“清夏城”。种师道的抗夏行动受到当地官民的拥戴，因而当他于两年后率兵过彭阳时受到人们的欢迎，大家纷纷迎谒境上，以示对抗夏名将的尊重和支持。靖康元年（1126年）金军围攻东京，时任泾原节度使、原州通判的老将种师道率泾原、秦凤军队入京勤王，任京畿两河宣抚使，威望很高，人们尊称之为“老种”。但是在京城之围暂时缓解后，投降派再度得势，腐朽的北宋政府解除了种师道的兵权，种师道不久忧愤而死。

宋万年 南宋建炎二年(1128年)秋，有一位自称“空同逸人”

宋万年的游客从庆阳到泾渭（泾川平凉一带）路过北石窟，与僧俗友人欢聚寺内，乘酒兴写下了几首诗，其中一首写道：“奇工怪迹孰雕镌，闻说神灵造胜缘。高廓一龛开古佛，并包万象见西天。僧为早钵严前释，民是桃源洞里仙。何去空同为隐逸，此中真可老参禅。”另一首写道：“诗酒追忆□胜逝世□，冠季依□岚染烟。稽古□傍观□屋搂，旧鸡黍勤渠信□□。”

宋万年　自称空同逸人，籍贯及生卒年不详，南宋绍兴年间庆阳知府。他于1128年从庆阳经过北石窟寺到泾州、渭州所为何事不得而知。此时南宋政权建立不久，金军铁骑已经占据了中原并且虎视关陕地区，建炎二年（1128年）三到四月，金兵曾经进兵泾原路，曲端、吴玠等出兵阻击，抗金保境成为头等大事。宋绍兴九年（1139年）九月，“既而秦凤等路提点刑狱公事宋万年遗川陕宣抚副使胡世将书，言：‘昨颁降新复河南诏书，张中孚等初不曾拜，却将金国诏书宣读。百姓见诏书上有本朝庙讳、御名，皆不忍闻。万年昨密问吴璘：‘万一兵复渡河，如何措画？’璘谓：‘中孚等重兵在手，为秦凤腹胁之患，内外相应，必来捣虚。我军既守家计，安能远出接见！’以此见中孚等阴藏奸谋，所系非轻。’世将即具以闻，且言：‘臣昨论奏逐人罪恶，以谓朝廷方守信誓，不欲遽易帅守。然中孚等并已降指挥，许令入觐。欲望因其自请，别与差遣。’于是中孚等皆改命”。[1]

①《续资治通鉴》

宋万年此行大概与抗金有关。绍兴元年（1141 年）六月，金军大举进攻庆阳府，将府城包围起来，负责守城的庆阳知府宋万年率领军民凭险固守，金军无法攻下庆阳重镇，只得撤退。宋万年算得上是守城有功之人，然而金军并不甘心失败，当年十月，在撒里喝的亲自指挥下再度围攻庆阳府。宋万年起初仍然凭险要地势抗击金军的进攻，等待援军的到来。宋将王忠植率领援军到达延安时，不幸被叛将赵惟深出卖被俘。撒里喝将俘获的王忠植押解到庆阳城下，迫使王忠植向城内军民喊话劝降，“使甲士引至庆阳城下谕降，忠植大呼曰‘我太行忠义也，为金所执，使来招降，愿将士勿负朝廷，坚守城壁’”。并怒斥金将撒里喝，表示宁死不屈从金人的淫威，披襟高喊“当速杀我”，最后在城下慷慨殉国。庆阳知府宋万年没有为王忠植的凛然壮举所感动，面对来势凶猛的金军的强大攻势，他吓破了胆，终于向强敌屈服。宋万年开城投降，将南宋大好城池拱手交给了撒里喝。《金史·太宗本纪》记载，天会九年（1131 年）十月戊寅，“撒里喝攻下庆阳”。此举对整个陇东的抗金形势无疑产生很大的消极影响。此后，未见宋万年担任庆阳地方官的有关记载，他继续当官，还是如诗中所说的到崆峒“为隐逸”，来北石窟寺“老参禅”，不得而知。

庞迪 字仲由，延安（今陕西延安）人，从小就喜欢读兵书，长成颇有谋略，善骑射，历任汾阳、绛阳军节度使等职。北石窟寺第 165 窟门南侧阴刻“客崔可宪书记一时诡异口圣像，叹灵迹之奇怪，命下校守义渠过宝岩瞻礼。皇统丁卯（1147 年）冬十月三日庞仲由。”金朝熙宗天眷年间（1138—1140 年），庞迪任庆阳府府尹，皇统六年（1146 年）被封龙虎卫上将军，任庆原路兵马都总管，为第三将驻原州。就在这段时间里，与崔可宪等人一同游览了驻扎区内的北石窟寺，并留下了上述题记。后来，庞迪因破贼有功，又擢至泾州，未到职，改知镇戎军沿边安抚使。《大清一统志·庆阳府·名宦》记载：延安人庞迪“熙宗、海陵时为庆阳府尹，历三考不易，以治最闻，诏书褒美，西人荣之”。正隆元年（1156 年）奉宣改授凤翔知府。

邑里耆老

张道　字克宏，镇原人，举人，善著文，任登州府通判，升大同府同知，迁任周府长史，所至有令名。后来解绶归乡，读史静养，著有《评史蛙见》《寝寝集》《桃坡通言》《桃坡遗稿》等。在北石窟寺《嘉靖祈雨碑》文中有“周王傅……张（省,似应为道）婿刘睿”。碑阴刻有三首题名“桃坡张道邑人长史”的诗篇，部分已经漫漶不可辨，个别诗句还算完整，如“佛氏闻吾萧寺游，云飙豫遣六丁收”；“囊有新收诗料在，取留成句责如来”等。

张道出生于成化十六年（1480 年），嘉靖二十八年（1549 年）七十寿辰时，赵时春撰《寿张长史序》为其贺寿，文中说“先生以明经学成而举于乡，以治吏仕成而相王国，以耆艾德成而荣州里，州里之人钦焉”，分别阐明了张道的学识、仕途、道德及社会影响，说明张道是一位颇有声望的邑人。赵时春在文中还提到张道的女婿“镇国将军某”，从碑文中可知，张道的女婿名刘睿。五年之后，张道在北石窟寺参与祈雨活动，并题诗表达自己观看千年佛寺的感受。

郑彭寿 来到北石窟寺的人除了周边地区的善男信女和游方僧人之外，还有一些慕名而来的游客。他们一边观赏景色，享受自然和人文环境带来的愉悦，还不时留下一些题记，记录自己的游览时间、同游之人以及游览时的心境。第165窟门内北侧阴刻“皇统甲子中社日郑彭寿携家来游，常皋赵正卿预焉。男彦申、彦平、彦文、彦岭、甥邦彦、时彦、侍海凝、海端同至”。有的是与朋友或僚属同来，如彭阳县令高舜俞率众僚属观稼时顺便造访石窟，另如“蒙勉功王持正周伯容赵蓬老以阜昌乙卯孟夏初九日，同游萍客宗林刊”。在此与好友不期而遇也是常有的事，如第37窟南壁内侧阴刻“邑宰原武郑耆老拉颍川赵直孺联辔观稼于石窟，邂逅武威安敦仁，遂成小酌，颇有清逸之兴，命笔以记岁月，男彦申侍行”，“成景光邂逅庆宁寺口师时大观庚寅（1110年）五月”。可见宋金时期的北石窟寺是朋友交谊的重要场所。值得注意的是，许多游客不止一次到北石窟寺游览和会友，如赵蓬老于1128年与宋万年等聚饮后，又于1135年孟夏初九与蒙勉功等同游；李震在宣和甲辰（1124年）首夏二日与弟弟同游后，又于建炎三年（1129年）与索安、王舜臣游石窟礼大像；北石窟寺有郑耆老于壬戌岁（1142年）中秋念七日与儿子彦申同游和郑彭寿皇统甲子（1144年）与子彦申兄弟以及诸外甥来游的两条题记，从出游的时间及与随行者的关系、古人名与字的关联性来分析，我们可以推断出，郑耆老即郑彭寿。

安泰明朝正德年间镇原县五泉里怀任村人，是一位虔诚的佛教徒，他与妻子冯氏及族众捐资为北石窟寺第165窟敬献石雕佛灯一尊，并立下《重修佛灯记》碑一通。

金法章 清朝道光年间镇原县“特出之一人”，有寿官的名号。寿官在明朝时期是逢恩诏颁下时才赐予“德行著闻，为乡里所敬服者”的德寿兼备老人的一个头衔，清朝寿官指由地方推选并经皇帝恩诏颁下，授予老人冠带的一种名誉头衔。金法章善于营生，“寄身陶朱兼理农桑，克勤克俭，以故家道寖寖”。他在经商的同时，不丢弃农桑，成为致富的的楷模，时人感叹“人若公可以无愧矣”。金法章决定捐资捐地捐材，在柳树湾增修补葺云崖寺，欲建功当代，积富千秋。该地原有四个唐代洞窟，并有一些附属设施（木质阁楼等）。由于历年的侵蚀，到道光已经破败不堪。金法章捐地以为修葺之资，捐树以提供建筑木料。他的善行赢得了尊重，同时也引来了远近信众的积极回应，大家纷纷出资出力，于道光十四年十月完成了云崖寺的修葺。

香客是指到寺庙烧香、发愿还愿的人。北石窟寺诸窟龛中留下了大量供养人的浮雕，说明这些窟龛为香客们捐资开凿。北石窟寺地处汉唐丝绸之路的要塞，在漫长的历史岁月中，无数的商旅、信徒、官员、文人墨客带着风尘与劳顿在此驻足，留下了大量的手迹和足迹。

附文：

两个老党员的故事

——记张鲁章和王荫槐

1963年10月，北石窟文物保管所之初，只有张鲁章先生一人看护，两年之后来了所长王荫槐先生，两个人住在破旧的戏台上，守护着这块寺院的废墟。他们把北石窟寺当成自己的家一样经营，清理废墟、疏通排水、抢险加固、修建房舍全靠自己动手，从一草一木一片地到一砖一瓦一间房，处处浸透着他们的血汗！因为他们对这个家爱得太真、太深、太热烈，太执着，哪怕备受艰苦，饱尝辛酸，也坚守在岗位上，无怨无悔。（图3–1、图3–2）

他们把文物安全当做生命。1974年6月14日，地质调查队在北石窟附近钻孔放炮，对石窟文物造成震动，张鲁章和王荫槐先生多次阻拦无效，王荫槐先生索性趴在填了炸药的炮眼上说：你们一定要放炮，就炸死我吧！

图3-2　张鲁章老先生

他们实事求是，严谨认真。1974年7月26日，敦煌所段文杰先生一行来北石窟协助工作，他俩借用生产队小麦接待尊贵的专家，对小麦重量、加工后粗细面粉重量，接待后下剩粗面和细面重量都精确到小数点后两位数。

在交通不便、物质严重匮乏、生活极其困难的情况下，张鲁章先生积劳成疾，住进了兰州医院，还时刻不忘单位工作。所长王荫槐给张鲁章先生的信中写道："感谢您在重病中时时关心着北石窟的工作，考虑得那样周到细致，我心里热乎乎的，不由增加了力量和勇气。我们两人有同样的心理，是把党和人民交给我们的革命重担挑起来，按形势走在前头，来尽我们革命者的职责。感谢您长久以来对我的鼓舞和启发，希望您早日痊愈，回单位工作。回来后，对几处佛龛安装纱窗的办法，我们两人也好商量……"

1977 年 12 月 27 日，张鲁章先生因病在兰州去世，同志们整理了他的 369 件遗物，包括一支维生素 B 针剂、一张二分纸币、一个空眼镜盒和 21 个空玻璃瓶子。数量最多的是 201 本书籍，价格最高的是 13 瓶西药，价值最大的是 16 本工作笔记。

图 3-1　王荫槐老先生

两位老前辈虽然离开了北石窟，但他们宝贵的精神却永远留在北石窟。新一代北石窟人将继续在先辈精神的引领下，为"保护、研究、弘扬"文保事业做出更大的贡献。

四 跨越时空的凝定

石窟寺是为人们寻找精神寄托和心灵慰藉而开设的一种宗教活动场所，目的是为了满足人们的一种精神的需要，即寻找一种精神寄托和心灵慰藉。佛教信徒为实行其宗教活动，或为坐禅修行、或为供佛礼拜、或为弘扬佛法等，选择风光秀丽、山水相连、僻静幽深的灵岩圣地，于山崖岩壁开洞窟，造佛像（有石雕、有泥塑、有壁绘），行佛事，以祈求往生极乐世界。中国是世界上开凿和保存石窟最多的国家，据不完全统计，有石窟分布的省区在全国有 23 个，石窟总数约 300 处。就分布规律来看，大多集中在古丝绸之路沿线。在众多的石窟中，仅在甘肃境内的丝绸之路上就已经发现大大小小的石窟 140 余处。而陇东则有 78 处，其中规模最大、影响最深远的就是北石窟寺。

北石窟寺所处的覆钟山石质属于白垩纪黄砂岩，石质均匀，便于雕凿佛像，所以北石窟寺与甘肃其他几个著名石窟最大的不同之处在于，石窟造像全部采用石雕。北石窟寺区域的文物调查工作始于 20 世纪 60 年代初期，由甘肃省博物馆组成的文物普查工作组在这里首次发现了石窟，几位文物工作者先后发表了介绍文章。关于当时对这里开展文物调查的大致成果，通过张鲁章先生 1965 年 2 月 8 日手绘的《庆阳北石窟寺保护范围示意图》可以看到：北石窟寺主窟群、北 1 号窟、石道坡石窟、花鸨崖石窟、石崖东台石窟均划归重点保护对象，另外有柳咀汉墓群也做了标示。

石窟艺术是佛教艺术，它反映了佛教思想及其发生发展的过程。它所创造的佛、菩萨、弟子、力士以及佛传、本生故事的形象，都是通过人的生活形象而创造的。北石窟寺唐代造像就其内容而言，是为封建统治者和宗教服务的，但都曲折地反映出这个历史时期政治稳定、思想开放、文化艺术繁荣的社会形态和各阶层人物的生活景象。创造这些艺术作品的工匠们，虽没有留下具体的姓名，但由于他们长期生活在民间，体验和观察人们的感情和社会生活的各个方面，以他们丰富的想象和深厚的情感以及他们对佛教虔诚的心态和对艺术创造精益求精的精神，使用各种雕刻艺术和表现形式，冲破宗教艺术的一些戒律，大胆地接受一切足以提高他们表现能力的艺术方法，用简练生动的造型，概括洗炼的手法，创造出了众多神采奕奕、丰满多姿、有血有肉的艺术形象。

北魏魅力

北魏太和年间，鲜卑统治者推行汉化政策，包括语言、姓氏、联姻、律令、礼法及汉族服饰等许多方面。石窟艺术以云冈、龙门为中心，无论何种形象，都采取了汉族形式的衣饰。这是中国石窟艺术发展历程中的一大变化。在这样的情况下，北石窟寺造像受到了云冈、龙门造像的影响，既有鲜卑民族的遗风，又有汉化的倾向。由于自然条件和工匠的技艺等因素，北石窟寺开窟造像又具有自身的特色。

第 165 窟

第 165 窟位于主窟群正中间，是窟群中开凿时间最早、规模最大、内容最丰富、艺术价值最高的洞窟。该窟于北魏永平二年(509 年)，由泾州刺史平西将军奚康生主持开凿，距今有一千五百多年的历史，宋、元、明、清重修。石窟为平面横长方形，覆斗式顶，窟内四壁凿坛基，坛基外壁雕砖为宋元时期所造。从风格上讲，整体为北魏中晚期的风格。窟为平面横长方形，覆斗顶大窟，窟内四壁凿坛基，宋元时期用雕砖对坛基外沿进行了砌护，东、南、北三壁有舟形浅龛。窟门：内为方形，外饰盝形垂幕状，窟门顶部有明窗，明窗为盝形顶。165 窟是全国最大的七佛窟，石窟进深 15.7 米，高 14.5 米，宽 21.7 米，造像以七尊立佛为主体，配以胁侍菩萨、交脚菩萨、阿修罗天等内容。窟内造像以七佛为主体，配以胁侍菩萨和交脚菩萨、骑象菩萨、阿修罗天、千佛等内容。

天王造像

天王雕刻在窟门外两侧，是一个威力无比而自信的形象（图 3–3），其身高 5.8 米，身着铠甲，足蹬战靴，怒目锁眉，神情威严，大有震慑一切邪魔的气魄。天王是镇守佛国的卫士，两尊天王体魄雄健、棱角分明、威风凛凛，愤怒的面部表情如虎啸狮吼一般。这种造型会给人威严肃穆的感觉，造成令人畏惧的氛围。

北侧天王头戴皮盔，两腕交叉，两脚稳踏地上，似乎丝毫不能撼动这沉重的躯体，显得刚强无畏。两腿自然分开，髋部向左

图 3-3　第 165 窟门外天王

稍微摆动，一腿挺直，一腿向右倾斜，形成脚腿和身体非常稳定的姿态，神情集中，力量发自内在。南侧天王头部略向内侧，上身稍向北扭转，鼻梁高直，额宽，面部较为凸起，给人以动的感觉。两手抱于胸前，两腿直立，四平八稳，神情自信，胸有成竹，给人以“目空一切”之感，体现出自信与内力完美的结合。天王身旁横卧两尊雄狮，虽年久残损，但张牙舞爪，威态犹存。

北侧天王身着明光铠（一种铠甲），胸前配饰两个护心镜（护心镜：古代镶嵌在战衣胸背部位，用来防箭的铜镜。一般位于胸口正中的位置，多为圆形，正面凸出，较其他部分甲片厚，在受到攻击时可以起到缓冲、转移正面攻击的作用。早期的护心镜是两个，配饰于胸膛左右两侧。到了晚唐以后就变成了一个，配饰于胸前正中间）。南侧天王身着两裆铠，明光铠和两裆铠是我国古代常见的铠甲样式。

与迄今所能见到的其他石窟天王造像相比，北石窟寺天王造像具有含蓄、朴实、敦厚的特点，而其他石窟天王造像用各种动态、有力的武器、发达的躯体、勇猛的动作和表情等来体现力量。北石窟寺天王造像更能在平静中表现人的内心世界，含蓄、自然，具有内心智慧与外在力量统一的完美，给人轻松自然之感，拉近了观众与作品的距离，令人没有望而生畏的感觉。当人们走近天王时，会觉得他有一种自信的责任感，没有丝毫的做作。

在佛教里，佛是彻底觉悟证道、觉行圆满者，因此，他的身体具有超越人类的美好奇特的形象。佛的形象虽有差别，但也是大同小异，归纳起来就有“三十二相”、“八十二种好”，就是说佛有三十二种与常人不同的表相，八十二种比常人好的品德。塑造佛像的“相”和“好”，是在吸收现实人体上的许多优美点的基础上，再加上根据佛教教义创造出来的一些特异相而形成的。佛教徒认为，只有这样，才能使佛成为一个超人的、神化的、具有宗教魔力的圣像，从而产生不可思议的力量，达到感召芸芸众生的目的。

七佛造像

七尊佛像（图 3-4）为标准的北魏造像。造像风格：磨光高肉髻，柱形头，通鼻梁（眼眶很深），细眉大眼，削肩，腰腹粗壮，体魄雄健，以体积来体现力量。俗话讲这人块儿大，块儿大体现力量。早期造像的艺术表现手法就是通过体积来体现力量，让人看着就会感觉到，这人很结实，劲儿很大。到了唐以后，就出现肌肉块状隆起，通过块状肌肉来显示力量的艺术表现手法。这是继承了云冈的风格，云冈风格就是既要展现佛像的儒雅，也要展现民族追求，崇尚武力，首先就要体魄雄健有力。

由于时代久远，造像有了一定的残损，从残损的部位我们也可以看出造像的材质：早期白垩纪砂岩（黄砂岩）。整个覆钟山是一座山，所有的窟龛都是在山体上凿出来的，均为石雕造像，这也是北石窟寺比较独特的地方。一般这种佛教造像大多为木胎泥塑或者石胎泥塑，也有壁画很丰富的地方，比如敦煌。泥塑的造像大多都非常精美，让人感觉栩栩如生，但是石雕造像就不同，难度相对要大些。因为石体是固定的，造像时必须一次刻好，不容易修改，不像泥塑，感觉哪里做得不好可以再补一块上去重新做。

释迦牟尼的右手非常明显的整块起皮脱落现象，这是什么原因呢？原因在于元代对造像上色的手法。现在能看到的佛像身上的色彩为元代所绘，整体彩绘是有题记记载的，说是大元至正元年对石窟重新做了粉妆，粉妆就是石像刻好之后磨光上色，磨光后不好上色，也没有好的颜料，人们就给石像表面涂上了一层泥浆，然后给泥浆的表面覆盖了一层麻布，再给麻布上上色（和云冈的很相似，云冈一期，十八窟到二十窟）。这样的上色方式，由于时间久远，就有了整片脱落的现象，例如主尊释迦牟尼的右手。

图 3-4　第 165 窟的七佛

胁侍菩萨造像

胁侍菩萨是修行层次最高的菩萨，其修行觉悟仅次于佛。在没有成佛前，常在佛的身边，协助佛弘扬佛法，普度众生。按照佛教的理论，大千世界十方三世之中有无数佛，一方佛土，有一佛教化众生。而每一佛都有两位或几位胁侍菩萨。

在七佛之间，雕有 4 米高的胁侍菩萨共十身，多作高发髻，上束小花蔓，面目清秀，形体修长，上身多数袒露，戴宽项圈，下着长裙，披巾自双肩搭下于腹际穿璧或纽交下垂后反折上自小臂向外搭下。佛与菩萨的面部和手足部分，原涂赭色，双眉和胡须用石绿色勾出，以增强佛教的威严和神秘气氛。

胁侍菩萨头戴宝冠或发髻高耸，配有花蔓，双目正视前方，表情慈祥安然，面型长圆，嘴角微微上翘，带有若有若无的微笑。佛的造像一般都是庄重慈祥的感觉，让人们心生敬畏，感受到神与人之间的距离。而菩萨造像则会让人觉得非常亲近。这是因为菩萨就是救苦救难、教化众生的角色，具有温柔、善良的特点。所以在中国，菩萨的形象塑造也被赋予了女性的形体特征和服饰，用以吻合其温和、慈悲的形象。

交脚菩萨造像

在 165 窟西北、西南两角分别雕凿巨大的弥勒造像（图 3–5），题材出自《法华经》。

在早期的佛教雕刻中，交脚弥勒的塑造非常普遍。一般认为交脚坐式的弥勒菩萨表现的是尚未成佛时住在兜率天宫的弥勒，

165 窟西壁南侧交脚弥勒

165 窟西壁北侧交脚弥勒

倚坐的佛像表现的则是降世成佛了的弥勒，例如 222 窟主尊造像。

按照佛教讲，弥勒是未来佛，住在兜率天宫。弥勒下世成佛后，大千世界国泰民安，丰衣足食，雨泽随时，谷稼滋茂，一种七收，不生稗草，用功甚少，所获甚多。树上生衣，寒暑自用，夜不闭户，道不拾遗。人寿八万四千岁，女子五百岁出嫁。山气喷香，地涌甜泉，没有战事，人们过着无忧无虑的生活。这个时期，人们对弥勒的崇拜、供奉超过了对释迦牟尼的信仰。人们希望能够每天供养弥勒，朝拜弥勒，使他能缩短成佛的年限，早日成佛降临人间，带给人们一个美妙安详的世界。

战神阿修罗天造像

西壁北侧靠近窟门的地方，雕造一尊三头四臂的阿修罗（图 3–6），通高 3.10 米，阿修罗正面和善相，南北两侧为忿怒相，上身袒露，一手举日，一手举月，一手持金刚杵，一手握降魔杖，结跏趺坐。从迹象上看方座上水波起伏，海面动荡，似有水族之类的动物，象征位于大海中的须弥山。佛经里记载的阿修罗形象是“身形长大，四大海水不能过膝，立大海中，身过须弥，手拒山顶，下关人忉利天”。根据佛经记载，阿修罗是佛教中天龙八部护法神之一，其外形特点就是身形高大，多眼、多手，性格则有些像刚毅暴躁，颇具反抗性。

图 3-6　第 165 窟阿修罗造像

骑象菩萨造像

西壁南侧一尊高度 3.05 米的骑象菩萨造像，非常精美和珍贵，她是同时期造像全国之最。菩萨前为驭象奴，身穿犊鼻裈，上半身裸露，双膝跪在象背上。菩萨后有一弟子造像，弟子单膝跪在象背上，双手捧一牟尼珠，面相乖巧。

西壁浮雕

佛教寺院和石窟中，雕刻或绘制的佛本生故事（传记故事）随处可见。在本窟窟顶的四披上，原来都有浮雕佛传故事。其中，西壁南侧为“摩诃萨埵舍身饲虎”的故事。

画面根据故事情节，雕刻了五个场面画面自南而北依次是：

第一组：画面上有一人半卧于人字形披顶的殿堂之内，在他的身后有两个人奉陪，其中一人似乎在掩面哭泣，神情显得十分悲伤。在与此殿堂并列的另一座人字披顶殿堂内，有两个人并排端坐，神情庄重。殿堂之外，有一人拱手而立，恭敬谦和，好像在倾听屋内两人的询问（图 3-7、3-8）。

第二组：画面上有一贵族装束的人昏厥在地，有两个家眷（或侍女）跪于两旁，抱头抚胸，表现出痛不欲生的情状，其身后又有三人面朝南拱手而立。

图 3-7　西壁北浮雕

图 3-8 西壁南舍身饲虎浮雕

第三组：画面上有两个装束华贵，地位显赫、身躯魁伟的人，被几个侍从簇拥着，身后有一人拱手而立，似乎在向两位权贵告别。

第四组：浮雕于明窗的南侧，场面较大。此组画面上，周围雕刻山林，在群峰层叠的旷野里，有一散发人僵直地躺在地上，一只巨虎瞪目张口正走向死者，露出饥饿的凶相；山岗之上，有几只弓背伸腿的小老虎向下张望，似乎要跳下山崖，向死者扑去。

第五组：画面上分上下两层，由四人物组成，从其情节上看山林中似有修行、说法、求道等场面。

这是典型的舍身饲虎故事。一天，兄弟三人一起在山林中游玩，归家途中发现一只母虎躺在山崖下，已经饿得奄奄一息，旁边还有几只嗷嗷待哺的小虎。三个人都非常同情，但是谁也想不到办法来救助它们。摩诃萨埵暗自决定一定要救活这些老虎，于是他让两个哥哥走在前面，自己悄悄地返回了老虎所在的地方，躺在地上让老虎吃它。可是老虎饿得连咬他的力气都没有了，他很着急，找到一根木刺，爬到山崖上，用木刺刺破喉咙，然后跳下山崖，落在母虎旁边，让母虎和幼虎舔舐他流出的鲜血，老虎渐渐地恢复了力气，就吃光了他的肉。等两位哥哥找到摩诃萨埵时，只见到一堆骨骸，于是禀报王宫，将摩诃萨埵太子的遗骨盛入宝函，起塔供养。

佛经里说，昔日的摩诃萨埵就是今日的释迦牟尼。佛教认为人死了以后会轮回转世，生前行善积德的人，死后才能成佛，进入佛国世界；生前作恶者，死后就要堕入地狱，受苦受难。释迦牟尼就是由于过去累世修行，积善积德，做出各种牺牲，最终才成佛的。

整个 165 窟规模宏大，造型严谨，内容丰富，气势磅礴。似乎按佛经教义统一规划，一次性完成。虽经一千五百多年的风雨沧桑，至今保持得仍很完整。

第 113 窟

第 113 窟位于主窟区南段，开凿于北魏时期，为平顶垂幕式低坛窟。正壁（东壁）开圆拱形龛，龛内有低坛，坛上雕一佛二菩萨。佛身披双领下垂式袈裟，内着僧祇支，束带垂于胸前，衣裾呈四瓣垂于台前，结跏趺坐于低坛之上（图 3–9），菩萨侍立于低坛之上。南北两壁内侧各雕一菩萨，立于圆形莲台上，外侧各

图 3-9　第 113 窟供养人浮雕

雕一界栏，浮雕供养人，南侧浮雕二身女供养人着交领长襦，拖地长裙，北侧浮雕三身男供养人，着交领长袍，外披宽袖大袍，其中东侧供养人左手持香炉。此龛造像清秀，服饰衣纹简洁。

第 237 龛

位于窟群北段中层，为平面长方形平顶方形大龛，正壁（东壁）开圆拱形佛龛，龛内雕一佛二菩萨。佛内着僧祇支，腰束带，外披双领下垂袈裟，结跏趺坐于方台上，露右足，衣裾垂于台前，左手食指与中指指地，右手上举于胸前（图 3–10）。菩萨披巾绕臂后下垂，侍立于两侧低坛上。龛外上部两侧浮雕莲花化生童子四个，下部两侧浮雕二供养人。南北壁上部各浮雕一飞天，下部北侧雕二供养弟子。下部南侧浮雕一力士。

图 3-10　第 237 窟浮雕

第 244 窟

位于窟群北段中层，坐东面西，为平面长方形敞口方形窟，正壁开圆拱形大龛，有坛基，龛内雕一坐佛，半结跏趺坐于方形台，衣裾多“V”字形，自然下垂，手臂皆残损，身后雕桃形背光，背光上部两侧浮雕二身飞天，身形曼妙（图 3-11）。佛着内衣，腰束带，外披双领下垂袈裟，结跏趺坐于坛基上，右足外露，袈裟衣裾垂于台前。佛两边各雕一尊胁侍菩萨侍立于坛基上，上身坦露，下着裙。北壁下部内侧雕一力士，力士上方开方形小龛，内雕一供养弟子，持香炉供养；靠外浮雕五身男供养人，均着对襟宽袖长衫，下着大裙，其中最东侧一身持香炉供养。唐代在南壁上下增开两个方形浅龛并造像。

图 3-11 第 244 窟主尊

第135龛

位于主窟群南段下层，坐东面西，呈穹窿式顶，龛楣沿饰垂幕。是西魏时期具有代表的大龛。正壁（东壁）雕一佛，内着束带交领内衣，中着U形领长袍，束带垂于腹前，外披双领下垂袈裟，衣裾垂于台座前，半结跏趺坐于长方台上（图3-12）。浮雕莲瓣形通身背光，背光上彩绘火焰纹，两边绘千佛，上方两侧浮雕四比丘、二朵宝相花，比丘双双相向而视，作听经状。主尊佛面容清癯秀美，衣纹流畅。南北两壁各雕一身菩萨侍立于莲台上，

图 3-12 第 135 窟主尊

宝缯束发后于两侧打结再折叠下垂双肩，上身袒露，颈戴项圈，下身着裙紧贴双腿。佛与菩萨的背光后浮雕二身力士，力士上方各浮雕二身伎乐人。北侧伎乐人一个吹排箫，一个两手持有铃钹；南侧伎乐人一个吹笛子，一个敲打铃子。弟子、伎乐人均着圆领通肩大衣，整龛造像布局严谨，层次紧凑，富有变化。顶部左右有宝相花，布局严谨，由近及远展现了佛像说法图，十方三世的人都在侧耳倾听或吹奏乐器，表现出佛法无边，可以看出当时人们对佛教的信仰和对西方极乐世界的向往和追求。

雕刻者通过对其面部表情的着意刻画，揭示了佛的矜持、慈祥与潇洒，达到传神的艺术境界。从造像特点看，此时已孕育着造像由清秀俊美向丰满健壮的风格过渡。135 龛是北石窟寺西魏的一个代表作，西魏是一个短暂的王朝，135 龛的艺术价值更是弥足珍贵。可惜的是，正壁佛的头部有损坏，二力士后人曾用草泥补修过。

第 44 龛

位于主窟群南段上层，开凿于西魏。为平面长方形穹窿顶，东（正壁）、南、北三壁均开龛造像。东壁（正壁）低坛上雕一方台，其上造像及顶部已遭严重损毁，仅残留低坛基。南北两壁各开三层浅龛。南壁上层龛内造像已严重损毁，仅可见西侧造像的痕迹。北壁上层龛内雕二身坐佛（图 3-13）。南北两壁中层各开一圆拱形浅龛，龛内各雕一结跏趺坐佛，磨光高肉髻，面像清秀，内着

图 3-13　第 44 龛北壁浮雕

僧祇支，外披双领下垂褒衣博带式袈裟，衣纹舒展流畅，北壁龛外东上侧浮雕二听法弟子。南北两壁下层正中各雕一博山炉，炉两侧各浮雕一比丘、一供养人，相向拱手胡跪于博山炉两侧，造像各异，形象生动。

北周意蕴

就风格而言，北齐北周是元魏与隋唐间的过渡时期，其手法已由程式化的线形逐渐转变为立体的物体表形法；其佛像身躯渐圆，衣褶的处理上仍然保持前期的风格，其轮廓依然整齐统一，衣纹仍极富韵律之美。北周的佛教造像在风格上有新的变化，以历史的眼光来看，可谓隋代的先驱。

第 60 龛

平面呈马蹄形，属于北周佛龛。窟内东壁（正壁）雕刻一佛二弟子，佛低平肉髻，面相圆润，内着僧祇支，腰束一带，外着

图 3-14　第 60 龛外两力士

圆领下垂袈裟，作施无畏印。南北两侧龛内也各有一佛二弟子，佛着通肩大衣。均作禅定印。龛外两侧各雕刻一力士，形似儿童模样，形象顽皮，造像特殊，别具一格。三面的佛均为结跏趺坐，着通肩袈裟，龛内最具特色的是龛外两侧的力士，力士作侍立状，上身袒，下着裙，并没有雕刻出威严肃穆、英姿飒爽的样子，而是如同孩子般淘气顽皮的形象，实属北石窟龛中的特色形象，耐人寻味（图 3-14）。

第 71 龛

位于主窟群南段下层，开凿于北周。为平面长方形、穹窿顶、低坛基龛。龛内雕一佛二菩萨。佛着通肩大衣，上身衣纹被凿毁，胸前束带，双手置于腹前，施禅定印，半结跏趺坐于束腰覆莲座上。袈裟下摆呈两瓣垂于座前。二菩萨侍立于两侧，北侧菩萨宝缯垂肩，上身袒露，戴项圈，下身着裙，裙腰外翻，双手合于胸前，侍立于低坛上（图 3-15）。南侧菩萨披巾交叉于腹际。此造像采用圆雕加阴线雕刻形式，使造像显得清新自然、优美飘逸。

图 3-15　第 71 龛佛与菩萨

第 240 窟

位于窟群北段，开凿于北周。为平面长方形覆斗式顶的大型洞窟，低坛基，横长方形藻井顶，盝形顶窟门，门外上部雕饰天幕。窟内东（正壁）、南、北三壁各雕一佛二菩萨，佛结跏趺坐于方形台座上，低平肉髻，面相方圆，细眉小眼，颈粗肩宽，鼻高口小。菩萨均作侍立状，发髻高扎，宝缯垂于两侧，戴项圈璎珞，下着裙，姿态自然，面带微笑。这应该是一座三方佛题材的洞窟，正壁为释迦牟尼佛，南为阿弥陀佛，北为药师佛。

正壁（东壁）造像为释迦牟尼佛，两边的胁侍菩萨为文殊和普贤。

北壁的造像为药师佛，两侧的胁侍菩萨为日光菩萨和月光菩萨。北壁的药师佛，半跏趺坐于方台座之上，低平肉髻，右手施无畏印左手施与愿印，内着僧祇支，外着通肩圆领下垂袈裟，胸腹之间系带。头身比例几乎为 1 ∶ 1，肩部方阔，身体敦厚，胳膊与身体的分界不明显，脖身都略呈柱形。其右侧菩萨头戴宝冠，缯束发后垂于肩，左右手分别握、捧一物，脖戴项圈，下着长裙，身姿直立。

南壁的造像为阿弥陀佛，胁侍菩萨为观世音菩萨和大势至菩萨。南壁的阿弥陀佛，同样半跏趺坐于方座之上，低平肉髻，右手施无畏印，左手施与愿印，内着僧祇支。外着通肩圆领下垂袈裟，胸腹之间系带，衣下摆垂于台座之上，呈现出较为繁复的纹样，

图 3-16　第 240 窟南壁造像

但线条很细腻。其右侧观世音菩萨头戴纹饰复杂精美的宝冠，右手下垂持净瓶，双层璎珞且下层过膝，重心略偏于右脚之上；其左手的大势至菩萨，身形优美，衣裙轻薄，轻拂于躯体上，呈现出优美的线条，右手置于胸前，左手轻拎　桃形物。

隋代修葺时在窟门内上方西披彩绘《维摩诘经变》壁画。唐代在窟门两侧增开四个长方形小龛，内雕一佛二弟子二菩萨；窟门外两侧雕两身形如菩萨样的力士，尤为别致。北周的力士也有雕作儿童状的，如 60 号窟，门外两侧力士头上雕出小锥髻，形象如儿童一般，极为天真可爱。整个窟内造像在清代晚期用泥巴重涂彩绘，1981 年，尝试性清理了部分泥层，恢复了原貌。（图 3–16）

相形之下，南壁三尊造像比北壁造像工艺更为上乘，会得到更赏心悦目的审美感受。北壁造像是窟内最早修造的，修造之时应该处于北周晚期，并且极有可能就处在武帝下令灭佛之后的几年中。而南壁造像则应该是窟内最晚修造的，时代处于隋代初期。所以，一个窟内南北两壁的造像才会有如此大的差别。

隋唐气度

隋文帝在位时期大力提倡佛教，佛教散发着非常浓重的政治气息，北石窟寺隋朝窟龛有 63 个。唐朝时期，由于统治者的提倡，社会经济的高度繁荣以及对外交流的空前兴盛，开窟造像达到高潮，北石窟寺在唐代开凿的大小窟龛达 208 个，数量占总数的三分之二。所雕刻的佛及菩萨静谧安详而又文秀典雅，圆满地把宗教内容寓于造像的民族形式之中，造像之优美及雕刻手法的娴熟也达到了很高的成就。原本以灵魂的追问和宗教冥思为特点的印度佛教，就在这些尺度近人、含蓄内向、充溢着理性精神的中国石窟建筑里变得既等级森然，又富世俗气息，滤掉了某种神学的激动和超人性的迷狂，更趋于平和宁静。这些气韵生动的雕像历经一千多年的风雨沧桑，无言地诉说着久远的故事，充当着蓬勃向上、有容乃大的唐朝文化精神的见证。

第 85 窟、204 龛

第 85 窟位于窟群南段中层，建于隋代，为平面作半圆形的低坛穹窿顶窟。窟内东壁（正壁）坛基上雕一佛二菩萨，佛内着僧祇支，束带垂于胸前，外披双领下垂式袈裟，半跏趺坐于莲座上，衣裾垂于座前。两菩萨侍立于带梗莲台上，长辫垂于胸前，上身袒露，下着裙，身挂长璎珞垂于膝际，又一段璎珞交叉于胸前，帔巾穿于肘下。南北两壁各雕一弟子一供养人，北壁弟子着袈裟，立于覆莲台上，身后供养人着圆领窄袖上衣，立于束腰莲台上（图 3-17）。南壁弟子着半披肩袈裟，立于仰莲台上，身后女供养人窄袖短衣，立于莲花上。北侧供养人身着男装圆领窄袖上衣，形成对称格局。

第 204 龛为平面半圆形龛（或称平面马蹄形龛），隋代雕造，坐东面西而建。石龛顶部外沿有天幕下垂，故也可称其为天幕龛。龛内造像为一佛二菩萨，主尊佛像半跏趺坐于方形台上，内着僧祇支，外披袈裟，衣裾自然下垂，下部衣褶多而密，腹部隆起，身体重心前倾，有俯视芸芸众生的感觉。

佛像两旁有二菩萨侍立，菩萨头部较大，上身比例较大，下肢较短，服饰厚重，胳臂向两侧低垂，下垂至腿部。

图 3-17　第 85 窟北壁弟子及供养人

第 234 龛、167 龛

第 234 龛为唐朝造像，方形浅龛，圆拱顶，双身菩萨，雕二菩萨，高发髻，上身袒露，肌肉丰满。下着羊肠大裙，紧贴腿部，裙纹似曹衣出水。披巾自双肩搭下垂地。二菩萨相对而立，姿态婀娜。

第 167 龛为方形龛，坐东面西，隋代作品，正壁雕刻一佛两菩萨，佛内着僧祇支，外披袈裟，结跏趺坐于方形台上，左手隐于袈裟内，右手举于胸前。二菩萨上身袒露，下着裙，高发髻，长璎珞穿璧交叉于腹际，侍立于复瓣覆莲台上。

第 246 龛、212 龛

第 246 龛为平面横长方形龛，坐东面西而建。龛内雕二佛一菩萨坐像，中间释迦牟尼结跏趺坐，内着僧祇支，外着双领下垂式袈裟。两旁分侍两弟子，北侧弟子阿难，南侧弟子迦叶。北侧雕一善跏趺坐佛，为未来佛弥勒造像，南侧雕一舒相菩萨坐于半圆台上，为观音菩萨。释迦牟尼前方有儿童模样的人像席地而坐，龛南北两侧壁各雕一小卧狮，活灵活现，非常精美。

第 212 龛为半圆形平顶浅龛，坐东面西而建。造像题材为一佛二弟子二菩萨，主尊佛结跏趺坐于方形台上，北侧弟子阿难，南侧弟子迦叶（手捧钵）。进入唐代，在审美观上，感性的、真实的美替代了理性化、神圣化的美，占据了山野间的石窟，占据了善男信女的感官和心田。这一特色在第 212 龛得到充分的体现。

图 3-18　第 246 号龛 9

两旁菩萨姿态婀娜，曲线明显，从菩萨衣着（小肚外露）以及站姿特点来看，为唐代造像（图 3—18）。一式五身这种造像样式，在唐代以后也较为多见。

第 222 窟

位丁窟群北段下层，盛唐时期完成的一大型佛殿式洞窟，为覆斗式顶，顶部有浮雕藻井。窟高 6.10 米，宽 6.48 米，进深 8.40 米，正壁有坛基，主尊雕一佛二弟子二菩萨。4.05 米高的主尊佛作磨光高肉髻，面部圆润，细眉大眼，眼角较长，双目正视前方，神情威严庄重，流露出对人世间的关注和智慧的光芒。内着僧祇支，外着通肩袈裟，善跏趺坐于半圆形莲台之上，双腿自然下垂，脚踩莲台，左手扶膝，右手上举胸前，施无畏印。整个造像高大典雅，面相方圆，一双慧眼俯视人间芸芸众生，似乎将所有的香客和游人带入幸福美满的世界。这尊佛像面部呈中年妇女的形象，丰腴秀目，具有慈祥之态，又有可敬之处的男人气质，某种程度上有唐代武则天的帝王之像，象征着王权的尊贵，并有帝王关注臣民之意，使人观后有种轻松和谐之感。在考古界，石窟艺术研究者按照唐代的一般规律，将这类倚坐式的造像看成是弥勒佛。据《佛说弥勒上生经》记载："弥勒菩萨为兜率天净土的本尊，还是释迦牟尼涅槃之后，下生人世的未来佛。"北朝以后弥勒造像大多采取双腿下垂的倚坐式，弥勒被人们作为改朝换代的象征，经常被欲得皇权者利用，作为建立新政权的象征和号召。北魏延昌四年，冀州僧人法庆率众起义，参加的群众达 5 万人之多。以弥勒佛为起事的旗帜。唐代武则天为其登基大造舆论，伪造《大云经》宣称："弥勒已下世人间，可男可女，可神可人，随心所欲，神通广大。"以此预示武周新朝的建立。这是宗教为其政治服务的实证，也是武则天为其控制朝政，寻找宗教根据的理由。随着佛教进一步民族化、民俗化，弥勒信仰也发生相应的变化。五代以后兴起的关于布袋和尚的传说和造像，据《宋高僧传》卷二十一《契此传》《佛祖历代通载》卷十七载："布袋和尚即契此，据传常以杖背一布袋入市，见物即乞，出语无定，死前说偈曰：'弥勒真弥勒，分身千百亿，时时示时人，时人自不识。'" 以此世人以为布袋和尚是弥勒佛显化，在民间通俗的信仰中，弥勒象征着未来和光明，从此笑口常开的大肚弥勒佛，在我国广为流传。

主佛两侧的弟子，年少的阿难幼稚聪慧，面相丰圆，天真无邪，端立聆听，有一种"禀自然以绝俗，超希世而无群"的神态；年迈的迦叶歪着头颅似乎在深思，额皱横生，高鼻深目，大眼宽腮，世故深沉，具有"不受尘埃半点，颇晓佛性无边"的质朴。胁侍菩萨头挽高髻，身披天衣，神情含蓄，气质高雅，形体动人。从内容尊格看，主尊体态健壮，表情庄严自如；弟子菩萨头部较大，但神情潇洒，面带微笑，应为弥勒宣说佛法的造型。（图 3-19）

南北两侧浮雕 64 个小佛龛，217 尊造像，佛龛多做方形，圆拱形或长方形。龛内雕一佛二弟子、一佛二菩萨、一舒相坐菩萨或二菩萨并立等内容。佛多作结跏趺坐，施禅定印或说法印，弟子菩萨侍立，大部分保存完好。雕刻刀法洗练，线条流畅，造型逼真自然。弟子身穿袈裟，衣纹屈曲自如，阳刚之气实足，很自然地感悟到大唐时代男人的健康之美。菩萨肩宽丰胸，肌肤圆润，半裸上身，斜披络腋，下着衣褶细密的羊肠大裙，轻盈柔弱地贴服在身体之上，犹如春水荡漾般流畅，表现出女性优美动人的躯体轮廓。有的菩萨上身微后仰而左倾，腹部微微鼓气向右曲，具有盛唐时期极为流行的婀娜多姿的"三段屈曲"式的姿态，再加上肌肤微妙起伏，以及线条富有节奏感的韵律之美，使她充满青春活力，这是当时现实女性美的真实形象。

图3-19 第222窟主尊

唐代才华出众的雕刻家，通过世俗化、人格化的大胆表现手法，把神与人、宗教与世俗完全融为一体，结合外来艺术手段和中国传统雕刻技法借菩萨的身躯表现出来，这也验证了历代流传的“唐代菩萨似宫娃”之说。四周的造像，有的犹如妙龄少女，亭亭玉立，线条流畅；有的如素衣百姓，朴素大方；有的如达官贵人，身着华丽服饰；有的穿着简单轻纱透体，翩翩起舞；双身菩萨如同一对孪生姐妹情同手足，自由活泼，窃窃私语，富有情感，好像进行着某种心灵感应和思想感情上的交流与对话。这些造像体态各异，有的身材显得粗短而臃肿，有的显得修长而逼真，形式多样，栩栩如生，包罗万象。窟内整体布局犹如当时社会的大殿堂，显示着臣民安分守己、忠于帝王及各民族友好团结的生活写照，并具有大唐时期那种海纳百川的博大及蓬勃向上的文化气质和世俗化的艺术倾向。

整个窟内显得富丽堂皇，庄严肃穆。根据造像衣纹的表现和雕刻的刀法技巧看，上层高处小龛接近于初唐，下层稍晚些，应到武周至盛唐时期完成。造像雕刻得细腻生动，其衣饰贴体自然，线条流畅，如出春水。菩萨发髻高耸，上身袒露，下着羊肠裙，轻纱透体，帔帛自双肩搭下，或用一手举起，身躯活泼优美而有曲线，富有情感，显示出旺盛的青春活力。这些优美的人物造型，展示了极乐世界的佛国生活，也反映出当时社会已处在太平盛世、歌舞升平的繁荣情景。这些精湛的造像，反映出民间艺术家的自由和轻松。凭借着自己朴实的情感，在表现宗教题材方面把他们对世俗生活的理解、对人世间美的追求和强烈的生活愿望注入令人神往的宗教艺术形式之中，冲淡了宗教的神秘色彩，产生了更加耐人寻味的生活气息。

222 窟造像主次分明，富丽堂皇，其形态丰满圆润，端庄健美，雍容华贵。就其内容而言，这些造像是以宗教的形式为封建统治阶级服务的。它反映出武周时期政治稳定、社会开放、经济发达、文化艺术繁荣的社会形态和各阶层人们的美好生活景象。在艺术风格上，生动逼真的造型极富有生活情趣。其概括洗练的手法，以形写神和神形兼备创造出众多神采奕奕、丰满多姿、有血有肉的艺术形象，给人们留下了难以忘怀的印象，也为后世留下了不可多得的珍贵文化遗产。

唐朝可谓中国佛教最富创造力的巅峰时期，特别是武则天时期，对佛教多采取保护政策。第 222 窟为唐代开凿的规模较大、造像最多，并且保存较完整的一个洞窟，堪称唐代石雕艺术的珍品。窟内主尊造像为北石窟寺唐代造像保存最完整的一组作品，雕作技巧娴熟，风格质朴大方，具有较高的历史和艺术价值。

第 32 窟、263 窟

第 32 窟位于窟群南段中层，是北石窟寺唐代佛窟中规模较大的一个，且有确凿的开窟纪年题记，为平面不规则长方形平顶窟。西壁凿三个竖长方形窟门。窟内北侧凿一平面方形中心柱，正壁（东壁）凿有一长方形的低坛大龛，龛内雕一佛二弟子二菩萨二力士。佛高肉髻已残，面相丰满圆润，颈部刻三道弦纹。弟子菩萨力士头部均毁。其服饰和雕刻技法比 263 窟造像更为精细。力士上身袒，肌肉隆起，下着战裙，左手叉腰，右手上举，立于山形台座上，体形十分雄健威武，战裙向外斜飘，有“吴带当风”的特征,显示了佛国护法的英武气魄(图 3-20)。佛与菩萨衣薄透体，有“曹衣出水”的优美感。此龛南壁上部阴刻造像题铭，为“大

图 3-20　第 32 窟东壁造像

周如意元年（692 年）四月临泾县令杨元裕出资兴造”。

大龛南侧又开一浅龛，龛内雕一佛一弟子，均作立状，其佛南侧似有一未完工的立式造像。窟西壁雕一立佛，通肩袈裟，作施无畏与愿印。中心柱四面开龛造像，正面龛顶雕一斗三拱仿木结构窟檐，内雕一佛二弟子二菩萨，佛结跏趺坐于一束腰台座上，弟子、菩萨侍立两侧。此窟造像较多，内容丰富，为盛唐时期的代表洞窟，为分析研究北石窟寺唐代造像提供了准确可靠的依据。

第 263 窟位于窟区北端上层二台处，开凿于唐盛，为平面方形平顶低坛窟。窟内正壁（东壁）开圆拱形浅龛，内雕一佛二弟子二菩萨，佛作磨光高肉髻，面形丰满，眉似新月，双眼微启下视，神情庄重安详。内着僧祇支，外着袈裟，右手抚膝，左手置于腹前，掌心向上作接引状，结跏趺坐于叠涩式束腰须弥座上，台座上衬“节波育”，衣纹为凸起的圆线条。二弟子一老一少，均着袈裟立于半圆台上，南侧弟子双手捧钵，北侧弟子拱手于胸前。菩萨上身袒露，下着裙，形体秀丽，南侧菩萨左手持净瓶。南壁雕三身立佛，上部风化严重。窟北壁已塌毁，仅留东侧一立佛腿部残迹。此窟雕刻手法精细俊美，线条流畅圆滑，形象逼真自然，堪称唐代造像的上乘之作。

东壁（正壁）龛内的佛，丰满的面庞，宛如新月的双眉，笔直而隆起的鼻梁，微启下视的双眼，端庄微合的嘴巴，冷静而安详，流露出沉思与智慧；宽阔的双肩和丰满的胸膛，充满了活力；轻薄如纱的袈裟，像水湿透后紧贴身躯；透过轻纱般的衣衫露出的肌肤，圆润饱满而富有弹性，堪称北石窟寺唐代雕刻中的上乘之作。北石窟寺唐代造像衣饰简洁，朴实无华，尤其是菩萨，既不同于洛阳龙门石窟中唐代造像的华丽繁缛，也不同与永靖炳灵寺石窟唐代造像的小巧玲珑，而以北石窟寺前代造像的质朴持重，简练明快的手法，创造出一种具有敦厚含蓄、健康优美的艺术形象。

宋朝风致

宋朝时期，佛教世俗化、人间化倾向更加浓厚，开窟造像之风渐渐降低了热度，北石窟寺开凿的石窟也比较少了，仅有第35窟以及第165窟明窗两侧的十六罗汉。宋金时期北石窟寺的宗教活动和各类题记，散发着浓重的人间气息，这是前各代的石窟造像都无法比拟的。

十六罗汉

宋代十六罗汉雕刻在165号窟的明窗南北壁，窗外北侧面西又雕一高一低二身供养弟子。明窗南壁造像分为两层。上层为三个圆拱形浅龛，每龛内雕一罗汉像，均披袈裟，坐于束腰山岩座上。东侧罗汉盘左腿，右腿屈起，右肘置于右膝上，右手支颐，左手置于左腿上，作思惟状。左前方龛外下部浮雕一条盘龙，朝向窟内，云霭火焰围绕，非常生动，此龛内应为“降龙罗汉”。中间罗汉正面，结跏趺坐，两手一上一下捧持一矩形物。西侧罗汉左腿下垂，右腿屈起，右脚踏座上，右手搭在右膝上，左手抚左腿，仰面望向龛内，显现出心旷神怡的样子，在其眼前，雕一小人驾祥云，似

图 3-21　165 窟明窗南壁

凌空飘然而来。下层五身罗汉，形体略小于上层，有结跏趺坐禅修状的，有舒相坐作思惟状的，有双手抱胸前作默念状的，西端的一身袈裟覆头，表情各异，栩栩如生。明窗北壁，亦开八浅龛，分三层，每龛内雕一罗汉，共八身罗汉，上层两龛中两罗汉稍侧身而坐，面带微笑，似在窃窃私语。中层三龛，西侧罗汉半跏坐，面对身前蹲一虎，左手抬于胸前指虎，右手抚膝，此应为“伏虎罗汉”。中间罗汉拢手于袖中，善跏坐。东侧罗汉拱手合十结跏趺坐，似在习禅。下三身，西侧二身靠近西端，为不同姿势的游戏坐，其一袖手拱于胸前，另一执一环状法器，表情严肃。东侧一身满脸须髯，怒目锁眉，双手捧物于胸前结跏趺坐。十六罗汉排列整体统一，稳中有变，粗看千人一面，细看千变万化。（图 3–21）

晚清余绪

明清时期，开窟造像活动基本消歇，主要是对窟龛及辅助建筑的修缮。根据佛教世俗化的要求，各种民间信仰不断掺入，使北石窟寺文化呈现出不同于以往的特色。本着趋利避害的心理以及“礼多神不怪”的信念，在第 165 窟前，“中置观音大士，左关帝，右二郎，旁对显圣龙王”，可见三教合一的趋势非常明显，成为民间糅合各种信仰而成的、充斥着世俗气息的活动场所。清朝宣统年间，以道教三霄娘娘为主尊的民间造像，更是这种特色的集中体现。

294 窟（娘娘庙）

根据窟内墙碑墨书记载，同治兵燹后，北石窟寺庙宇焚毁，变成废墟，宣统元年（1909 年）九月，全社 60 余户（其中金姓 46 户）共捐资 60 多两白银，按照原有规模重新塑像彩绘壁画。长方形平顶窟，窟高 2.9 米、前宽 2.41 米、里宽 2.70 米、进深 3.17 米。窟门做双扇实榻门，门额书写“保我子孙”四个大字，专为民间求生子孙而建的庙祠。（图 3-22）

正壁基坛上并排彩塑三身倚坐像（三霄娘娘），通高 137 厘米，

图 3-22　三宵娘娘塑像

柳叶细眉，樱桃小口，两眼有神，面容慈祥。头戴凤冠，身穿锦衣，外披绣花长袍，足穿三寸金莲鞋。中间塑像两手握笏板，腕戴手镯。

南北两侧台上各塑两身民间妇女形象，通高 99 厘米，北壁西侧塑一中年妇女形象的奶婆，怀抱小孩；东侧塑一满头白发的老年妇女，为接生婆；南壁东侧亦为接生婆，西侧塑媒婆。

像台前两侧土筑低台，北侧台上彩塑马面小鬼已残毁；南侧台上彩塑牛头小鬼立像。小鬼侧旁台壁南面画一束富贵牡丹，北面画一簇吉祥莲花。正壁像台前面中间塑三身男童小像，中间塑一小浴盆，内坐一男孩。

正壁墙面彩绘四屏图，内容模糊。南壁壁画彩绘《封神演义》中的六位星官，应为虚日鼠周宝、牛金牛李弘、尾火虎朱招、房日兔姚公伯、亢金龙李道通、翼火蛇王蛟，各自头旁升起一缕祥云，云气里彩绘各自星象：鼠、牛、虎、兔、龙（残毁）、蛇（残毁）等动物形象，下部彩绘造像头光；北壁壁画彩绘形式基本与南壁相同，六位星官分别是：星日马吕能、鬼金羊赵白高、觜火猴方贵，昴日鸡黄仓、娄金狗张雄、室火猪高震。（图 3–23）

像台前南北墙壁均有壁画，绘《封神演义》故事图。分三层画面：上部绘“三霄娘娘出行图”，中部西侧绘“三霄娘娘送子图”，东侧绘“纣王进香题淫词图”，下部绘“杨任大破瘟癀阵图”和“比干路遇卖菜妇图”；北壁画亦分三层：上部画面基本与南壁相同，中部东侧绘“三霄娘娘送子图”，西侧绘“姬昌解围进妲己图”，下部绘“燃灯义破红砂阵图”和“子牙火烧琵琶精图”。西壁门上

图 3-23　294 窟南壁星官壁画

方墨色素绘，“鹰狼相斗，老鹰护子图”，寓意爱子是人与动物的本能。两侧素绘鹿、松、鹤、蝠等画面，寓意长寿福禄、松鹤延年、吉祥如意。窟顶以土红色为底色，墨线和白色划分为 24 个方框，内画圆形图案及带翅膀的瑞兽图案，寓意多子多福。门两侧绘两方墙碑，内书题记。

五 注入生命的岩石

窟内诸龛之龛楣、龛额的装饰意味非常浓烈，或者石窟寺这一形式中蕴含的遁世修引、以山岩之坚不可摧求得永存的佛教观念，因与中国古代天人合一思想以及文人墨客归隐志趣暗合而被更多吸收。中国佛寺多数主动把自己和名山大川、美景佳地融合在一起，所谓“天下名山僧占多”一点都不假。其建筑的美感之一就在于它们隐逸在大自然与群体之中，与环境浑然一体。佛教的传播，将石窟的雕凿艺术推广到中国广大地区。石窟，是佛教思想的浪漫物化，古代的能工巧匠们既遵循佛教造像的一般规则，有大胆创新，突破佛教冷峻的桎梏，以智慧和技艺将冰冷的岩石注入生命和活力，使北石窟寺的一群雕像获得永恒的生命力。

虚拟的佛国世界

在佛教历史上，佛、菩萨体系是逐步扩充完善起来的，石窟中佛国世界的建构也有一个逐渐完善的过程。王昶在《金石萃编·北朝造像诸碑总论》中说："造像始于北魏，迄于唐之中叶，大抵所造像者，释迦、弥陀、弥勒及观音势至为多，初不过刻石，后施以金，涂彩绘。"北石窟寺遗留下大量含有精美造像的窟龛，这些窟龛用形象、美感、色彩、造型以及饱含激情的想象构筑起理想的彼岸世界。北石窟寺石雕都是以佛经为依据制造的佛教造像，主要的雕刻作品有七佛、三佛、千佛、阿弥陀佛、弥勒佛、菩萨、飞天、天王、力士、罗汉、伎乐人以及不同时期的供养人等。

佛

石窟所描摹的世界，是以佛为主尊的世界，体现了宗教秩序的崇高。佛是对宇宙人生根本道理透彻觉悟者，是自觉觉他、觉行圆满者。

1. 七佛

第 165 窟以七佛为主尊，因此又称为七佛窟。此外，第 1 窟、第 263 窟（盛唐）、第 267 窟（中晚唐）也有七佛的造像题材。七佛，即过去七佛，指包括释迦牟尼在内的过去七世佛。《佛说七佛经》列举七佛的名号按年齿排列为：毗婆尸佛、尸弃佛、毗舍婆佛、俱留孙佛、俱那含牟尼佛、迦叶波佛、释迦牟尼佛。前三佛是在过去劫中出世的，后四佛是在现在劫中出世的，《长阿含经》云：“七佛精进力，放光灭暗冥。各各坐树下，于中成正觉。”北魏时期，宣扬皇帝是当今如来，所以佛的造像含有鲜明的政治说教意味。如云冈石窟著名的昙曜五窟，就是对应了北魏前期的道武帝拓跋珪、明元帝拓跋嗣、太武帝拓跋焘、拓跋晃、文成帝拓跋濬五位皇帝，其中拓跋晃未即位，所以造出的是交脚弥勒形象。北石窟寺第 165 窟也是这样的，当时北魏已经历了七位统治者，七佛可能是对应北魏的七个皇帝，即太武帝拓跋珪、明元帝拓跋嗣、太武帝拓跋焘、文成帝拓跋濬、献文帝拓跋弘、孝文帝拓跋宏（元宏）、宣武帝元恪。

唐朝时期，七佛的排列发生了很大的变化，往往以释迦牟尼为主尊，其余六佛则分列释迦牟尼两侧，处于从属的地位，到了中晚唐时期的第 267 窟，七佛分列窟内四壁，显赫的位置雕造了弥勒佛，可以看出当时弥勒信仰之盛。这充分说明佛教在中国的传播过程中不断得到改造，使其更符合信仰者的意愿。

2. 三佛

第 229 窟（北魏）、第 44 窟（西魏）、第 60、240 窟（北周）、第 21、151 窟中均有三佛的造像。三佛分三身佛和三世佛。根据大乘佛教的教理，释迦牟尼有三种不同的身。当中一尊是法身佛，名“毗卢遮那佛”，是说遍一切处，表示绝对真理就是佛身；左旁是报身佛，名“卢舍那佛”，是说光明遍照，表示证得绝对真理而自身受法乐的智慧是佛身;右旁一尊是应身佛，名“释迦牟尼佛”，是说能仁寂默，表示随缘教化各种不同的众生的佛身。三世佛有两种说法：一种认为是代表中、东、西三方不同世界的佛。中间一尊是代表我们这个世界的释迦牟尼佛；左边是东方净琉璃世界的药师琉璃光佛，结跏趺坐，左手持钵表示甘露，右手持药丸；右边是西方极乐世界的阿弥陀佛，结跏趺坐，双手叠置足上，掌中有一莲台，表示接引众生的意思。三佛的旁边各有两位菩萨。在释迦牟尼佛身旁的是文殊菩萨和普贤菩萨，在药师琉璃光佛旁边的是日光菩萨和月光菩萨，在阿弥陀佛旁边的是观世音菩萨和大势至菩萨。另一种认为过去、未来、现在为三世的，正中的是现在佛，即释迦牟尼佛；东边的是过去的迦叶佛；西边的是未来的弥勒佛。《般若波罗密多心经》中说：“三世诸佛，以般若波罗密多故，得阿耨多罗三藐三菩提”。“三世诸佛”指的就是过去、现在和未来的一切诸佛。

3. 千佛

千佛，在字面上可解释为“一千个佛”，也可据古汉语中“以千喻多”的惯例，解释为“许多个佛”。在北石窟寺第165窟有千佛浮雕；第263窟壁面有唐代彩绘千佛。在宋朝时期的盂兰盆会上，近寺十社的民众共同营建道场，做“千佛之供”的大法会，可见，千佛也是北石窟寺造像的类型之一。《三劫三千佛缘起》中记载，三劫之中，每劫都有千人成佛，“初千人者，华光佛为首，下至毗舍浮佛，于庄严劫得成为佛，过去千佛是也。其中千人者，俱留孙佛为首，下至楼至佛，于贤劫中次第成佛。后千人者，日光佛为首，下至须弥相佛，于星宿劫中当得成佛”。根据佛经的说法，通过描绘、供养、礼拜千佛或“持讽读诵”、“书写为他人说”千佛名号，不仅自己“后生之处历侍诸佛，至于作佛而无穷尽”，“所生之处常遇三宝，得生诸佛刹土，六情完具不堕八难”，还能“使诸众生悉生彼刹”。根据佛教的宣传，雕造千佛和诵读千佛名号是一件“自利利他”的好事。

4. 阿弥陀佛

第32窟和第210窟的发愿文中都提到阿弥陀佛，合水莲花寺同一时期的造像也是以阿弥陀佛为主尊，可见阿弥陀佛信仰（净土信仰）在唐朝时期的陇东一带非常流行。阿弥陀佛是大乘佛教的佛名，见到阿弥陀佛，可以除去百病，获得幸福和光明：“聋者得听，喑者能语，偻者得伸，跛者得行，愚者黠慧，诸乐不鼓自鸣，父女珠环，皆自作声。”不管上智下愚，只要信仰阿弥陀佛，持名念佛，临命终时，阿弥陀佛就会前来接引，往生西方极乐世界，永远脱离苦难，享受极乐，因此又被称作接引佛。《阿弥陀经》详细描述了西方极乐世界（净土）的美好环境：国土清净平坦，气候温和适中，万物光丽，宫殿庄严，“有七宝池，八功德水，充满其中，池底纯以金沙布地，四边阶道，金银、琉璃、玻璃合成，上有楼阁，亦以金银、琉璃、玻璃、赤珠、玛瑙而严饰之”。六时雨花，宝莲充满，化鸟演法，是一个微妙庄严的清净国土。这里的众生身相端严，寿命无限，且具智慧辩才，不堕恶道，“无有众苦，但受诸乐”。

阿弥陀佛是超度众生的佛，能给人成佛的欢愉，除去人间生死之苦。阿弥陀净土世界虽然是虚构的，却真实地反映了古代人们对现实社会存在各种苦难的不满和希望在所谓的来世到极乐世界享受安乐的幻想，因而在唐朝时期深受官吏百姓的信奉，成为北石窟寺重要的造像题材。

5. 弥勒佛

在第 222 窟和第 267 窟，弥勒佛均居于主尊的地位，说明弥勒信仰在唐朝北石窟寺的尊贵。

弥勒，梵文 Maitreya，也译为弥帝利，意译为慈氏，此为姓，名阿夷多，出生于印度南天竺劫波利村大婆罗门家庭，佛教说将继承释迦牟尼之后于人间成佛的菩萨，是大乘佛教所说的未来佛。《中阿含经·说本经》中释迦牟尼对弟子们说："未来久远人寿八万岁，当时佛名称弥勒如来。"《增一阿含经》中释迦预言弥勒于三十劫后成佛，从兜率天宫下降人间（婆娑世界）成佛，国度叫"翅头末"（鸡头），于龙华树下三次会众说法，第一会度 96 亿人，第二会度 94 亿人，第三会度 92 亿人。只要虔信弥勒，精勤修诸功德，威仪不缺，扫塔涂地，以众名香妙花供养，行众三昧，深入正受，读诵经典，如实等人应当至心，虽不断结，如得六通。应当系念念佛形象，称弥勒名，如是等辈，若一念顷，受八戒斋修诸净业，发弘誓愿，命终之后，譬如壮士屈伸臂顷，即得往生兜率陀天，于莲花上结跏趺坐，死后可以转生到兜率天宫。《观弥勒菩萨上生兜率天经》中说："未来世中，诸众生等，闻是菩萨大悲名称，造立形象，香花衣服，缯盖幢幡，礼拜系念，此人命欲终时，弥勒菩萨放眉间白毫大人相光，与天工丽曼陀罗花，来迎此人，此人须臾即得往生。"这里强调了省钱供养他的好处，兜率天宫有五百万亿天子，这片天国乐土的"诸园中有八色琉璃渠，渠有五百亿宝珠而用合成，渠中有八味水，八色具足。其水上涌绕梁栋间，于四门外化生四花，水出花中如宝花流。花上有二十四天女，身也微妙，如诸菩萨庄严相；手中自然化五百亿宝器；器中，天诸甘露自然盈满；左肩荷佩无量璎珞，右肩复负无量乐器，如云住空，从水而出，赞叹菩萨六波罗蜜。……尔时十方无量诸天命终，皆愿往生兜率天宫"。佛国中一种七获，用功甚少而所收甚多。弥勒下生鸡头国，人们会得到无穷的好处：到处珍花异草，金银珠宝，人民安居乐业，没有盗贼劫夺，天下太平，毒气消除，人怀慈心，恭敬和顺，年年五谷丰登，食物“入口消化，百味具足”，树上自然生衣，穿着舒服。人间到处有奇景：“其地平净如琉璃镜，大金叶华，七叶宝华，白银叶华，华须柔软，状如天缯，生吉祥果，香味具足，如天棉。丛林树华，甘果美妙……城邑次比，鸡飞相及……智慧威德，五欲众具，快乐安稳，亦无寒热风火等，无九苦恼，寿命具足八万四千岁，无有中夭，人身悉长十六丈，日日常受极妙手乐，游深禅定以为乐器。”弥勒佛在中国古代长期受到许多人的信仰和供奉，并且随着佛教的中国化日益与中国的民间宗教信仰相结合，形成中国人喜闻乐见的大腹笑口弥勒佛形象。值得注意的是，与北石窟寺隔河相对的山头俗称鸡头山，大概与弥勒信仰有关。

菩萨

菩萨是“菩提萨埵”的略称。“菩提”义为觉悟，“萨埵”义为有情，凡是觉悟的有情皆可称为菩萨。在佛教中习惯上对于印度弘扬佛法、建立宗派的大德法师都称为菩萨。北石窟寺造像中的菩萨不是指这些历史人物，而是佛经中所提出的、与佛同时弘扬教化的经传尊者。菩萨在佛界数量众多，在北石窟寺历代的造像中，菩萨的内容有：

1. 弥勒菩萨

指尚未成佛前的弥勒像。弥勒是古印度语，意译为慈氏，是他的姓，名叫阿逸多，意译为无能胜，合起来就是大慈大悲无人能胜。北石窟寺第 165 窟门内南北两侧，分别雕凿一个弥勒菩萨（北侧的呈交脚）；楼底村 1 窟中心柱南面也浮雕一交脚菩萨，两者都是北魏时期的作品。根据早期的经典记载，大迦叶尊者现今仍然入定于印度的鸡足山（Kukutapadagiri）内，他要护持佛陀的衣钵，等待弥勒菩萨诞生于婆娑世界，才将衣钵传承给他。据说无着菩萨也曾为了面见弥勒菩萨住在山中十二年，和精通密法的 Sananvasika 也在此居住数年。弥勒菩萨像主要塑的是尚未成佛前的弥勒，一般以交脚或半迦思惟的形式坐于象征天宫的阙形龛中，其寓意可能是预示未来佛（救世主）即将降临。

2. 文殊菩萨

第 41 窟南壁龛有文殊与维摩对坐的浮雕。文殊菩萨全称文殊师利，有时称作曼殊师利，意思是妙德、妙吉祥，是佛教四大菩萨之一，为释迦牟尼佛的左胁侍。据《文殊室利般涅槃经》记载，文殊生于古印度舍卫国的一个婆罗门家庭，后来随释迦牟尼出家。释迦灭度后，他到云山，为五百仙人解释十二部经。又据《文殊师利法宝藏陀罗尼经》讲，释迦牟尼曾告诉金刚密迹主菩萨，在南赡部洲东北方有一个叫“大振那”的国家，国中有一座大山，山有五峰，称为五顶山。释迦去世后，文殊菩萨将以童子形游行于此，为众生宣说佛法。中国佛教认为山西五台山就是佛经中的“大振那国”的五顶山，因此以五台山为文殊菩萨的说法道场。文殊博学广闻，多才善辩，是象征智慧的菩萨。形象特征为顶结五髻，骑狮表示智慧威武，有时又持宝剑表示智慧锐利；或立或半迦趺坐。

3. 普贤菩萨

第 165 窟西壁南侧靠近窟门旁，雕有一尊俯首立象，象背正中端坐着仪态沉稳安详的普贤菩萨。普贤菩萨为佛教四大菩萨之一，梵名“三曼多跋陀罗”，即普遍贤善的意思，为释迦牟尼佛的右胁侍，与文殊菩萨为释迦如来之胁侍，合称华严三圣。表示所起万行欲答彼岸，须由此起，专司“理”德，曾起誓护卫佛灭后的《法华经》，以骑白象来除掉人间诸害。《妙法莲花经·普贤劝发品》中说当佛入灭之后，若有人信奉、诵念《法花经》，普贤菩萨将与众菩萨一起守护其人，使他身心安稳，不受诸多烦恼魔障之侵。而《华严经》中则说，有善财童子在文殊菩萨的启发下访问普贤菩萨，普贤菩萨为他讲“礼敬诸佛”、“广修供养”、“忏悔业障”、“常随佛学”等十大行愿，因此普贤又被称作“十大愿主”或“十大愿王”。随着《法花经》和《华严经》的流行，对普贤的信奉在中国也非常兴盛。普贤像大多是头戴宝冠，身穿菩萨装，坐于一头六牙白象上，这是依据《法花经》的说法而定的。《法花经》中记载，普贤菩萨曾告诉佛说，若有人诵读《法花经》，“我尔时乘六牙白象王，与大菩萨众俱诣其所，而自现身，供养守护，安慰其心”。普贤菩萨表示佛的行持，所乘之六牙象王象征六度万行所产生的无比力量，能排除一切障碍，终成正觉。

4. 观音菩萨

北石窟寺唐朝造像中有信奉阿弥陀佛的倾向，观世音是阿弥陀佛的胁侍。清朝乾隆年间重修诸神庙时，在大佛殿（165 窟）前造观音像。据南朝齐陆杲《系观世音应验记》中说："南宫子敖，始平（今陕西兴平）之人也。戍新平城（今陕西彬县），为佛佛（即赫连勃勃）儿长乐公（赫连璝）所破，城中数万人一时被坑。子敖虽知必死，犹至心念观世音即救济。及至，交陨破而没，自不中人……寻因得叛归，作小观世音金像，以旃檀供养，行则顶戴，不令人知。"彬县距离北石窟寺很近，看来豳州和泾州早已有了观世音崇拜。观音，原称观世音、光世音、观自在等全称，全称大慈大悲救苦救难灵感观世音菩萨，是大乘佛教四大菩萨之一，与大势至菩萨同为阿弥陀佛的左右胁侍，合称"西方三圣"。《法华经·观世音菩萨普门品》说，佛告诉无尽意菩萨，观世音普救诸难，以三十三种身度众生，当无数众生遭遇苦难时，只要称诵一声"观世音菩萨"，观世音即会"观"到这个声音，立即前往解救。主要特征为宝冠上饰坐佛，手持净水瓶或莲花或柳叶。另外，还有千手千眼观音、如意轮观音、不空绢索观音等形象。

观音菩萨是佛国第一菩萨，有 32 个化身，最受中国信众欢迎的是女性化身，人们看到的观音菩萨是一位美貌动人，面善心慈的"东方圣母"。然而观音菩萨原业是畜不是人，由畜变人，由大丈夫变成一位东方美妇，有一个漫长的衍变过程。根据徐静波先生《观世音菩萨考述》一文和其他一些学者的考证：早在佛教尚未产生的公元前七世纪时，印度婆罗门教的古经曲《梨俱吠陀》中，已经有了“观世音”。不过，那时的观音并非丈夫身，也非女儿身，而是一对可爱的孪生小马驹。它作为婆罗门教中的善神，象征着慈悲和善，神力宏大。它能使关心盲者双目复明，恙疾缠身者康复，肢躯残缺者健全，不育女性生子，公牛产乳，枯木开花。观世音在当时受到古印度臣民的普遍信仰和崇敬，在整个社会中产生过巨大深远的影响。观音菩萨是一位最受中国民众敬仰的菩萨，人们对观音菩萨的敬仰甚至超过了对佛陀的敬仰。

5. 胁侍菩萨

第 165 窟七佛之间、第 229 窟、楼底村 1 窟雕凿着一些胁侍菩萨。胁侍菩萨是立于佛两胁之菩萨，即常侍佛、赞、佛化众生之大士。胁侍又作胁士、胁持，“士”为大士、菩萨之译名。胁侍菩萨是修行层次最高的菩萨，其修行觉悟仅次于佛陀或等同于佛陀。在没有成佛前，常在佛陀的身边，协助佛陀弘扬佛法，教化众生。按照佛教的理论，大千世界十方三世之中有无数佛，一方佛土，有一佛教化众生。而每一佛都有两位或几位胁侍菩萨。在石窟中经常出现的是八大菩萨：即释迦佛的左右胁侍：文殊菩萨，普贤菩萨。阿弥陀佛的左右胁侍：观音菩萨、势至菩萨。药师佛的左右胁侍：日光菩萨、月光菩萨。还有弥勒菩萨和地藏菩萨。这些都是佛经上有名的菩萨，还有一些不知名的菩萨画在佛的身旁，也称为胁侍菩萨。胁侍菩萨画像和佛陀画像一样，有一定的法相等手印。如观音菩萨手持净瓶和杨柳枝，天冠有一化佛。势至菩萨手持莲花，天冠中有宝瓶。文殊菩萨手持宝剑，身乘青色雄狮。普贤菩萨手持如意或经卷，身乘六牙白象。地藏菩萨手持如意宝珠和锡杖，身披袈裟，头戴毗卢冠，为僧人像。

6. 供养菩萨

楼底村1窟中心柱西面有七身供养菩萨，北面有五身供养菩萨，南面有二十身供养菩萨。供养菩萨，中修行层次低于胁侍菩萨，为佛陀和弘扬佛法作供养的菩萨。供养菩萨是以香花、饮食、衣服、盖、伎乐合掌等事物奉佛的菩萨。《无量寿经》说："设我得佛，国中菩萨，在诸佛前，现其德本，诸所欲求供养之具，若不如意者，不取正觉。"北石窟寺所雕塑供养菩萨多姿多态，如楼底村1窟中心柱龛楣上供养菩萨半跪侍奉，或合掌，或手持莲蕾。佛教里把供养分为三种：一是利供养，即香花、香火、灯明、饮食、资财的供养。二是敬供养，即礼敬、朝拜、赞美、歌颂的供养。三是行供养，即警奉三宝，受持戒律，修行善法的供养。又称为财供养、法供养，观行供养。供养菩萨实际上为佛陀和宣扬佛法服务的菩萨。常画在佛座下面或胁侍菩萨、佛弟子的两边。姿式有站，有坐，有蹲，有跪，形象众多。如奏乐菩萨、歌舞菩萨、献花菩萨、敬香菩萨、燃灯菩萨、跪拜菩萨、持经菩萨、赴会菩萨、听法菩萨、思惟菩萨、禅定菩萨等都可以说是供养菩萨。供养菩萨不像胁侍菩萨有一定的法相和手印规定，雕刻匠们可以任意创造，所以供养菩萨的形态比胁侍菩萨多，数量也比胁侍菩萨大。

弟子

在北石窟寺众多的窟龛中，有很多一佛二弟子的造像组，一佛二弟子是佛教造像最普遍的题材。两弟子像一般在释迦牟尼佛身旁，一年老，一中年。年老的是迦叶尊者，中年的名阿难尊者。迦叶是摩揭陀一大富翁，精通书论，自己出家，在出家人中间是第一头陀，他是佛的十大弟子之一，以苦行著称。在释迦牟尼灭度后，他主持举行了佛教的第一次结集。迦叶的形象是身着宽大袈裟，额头上有层迭聚拢的皱纹，脖颈扭动出暴突的青筋，裸露的前胸上有栉比的肋骨，表情严谨持重，表现了一位苦行高僧饱经风霜的非凡经历。阿难也是十大弟子之一，以多闻著称。据说阿难出生在佛成道的那天晚上，他跟随释迦牟尼 25 年，记忆力特别强，称为“多闻第一”。阿难的形象是文静温顺，衣着朴实，宛如一位虔诚的和尚。两弟子在释迦牟尼死后的结集中，曾是主张截然不同的两大派。在佛两旁塑迦叶、阿难，正是以其强烈的对比手法来突出宣传佛教的兼容性。

天王与力士

天王和力士是佛教的守护神，其共同使命是阻止各种恶鬼对佛国的侵害。

1. 天王

在北石窟寺地 65 窟门的两侧，巍然站立着两尊全身武装、威风凛凛的天王，天王身旁各雕一半卧的雄狮；第 41 窟也雕有二天王，足侧雕有半卧的雄狮。天王也叫神王，按照佛经的说法，是佛的守护神，即守卫须弥山腹的东方持国（身白色，手持琵琶）、南方增长（身青色，手持剑）、西方广目（身红色，手持龙或人头蛇身神异形象）、北方多闻（身绿色，手托塔或抱伞）四大天王，各护东西南北四方一角，也特指随军护法的北方毗沙门天王（即多闻天王），另外似泛指其他威武勇猛的天将和天龙八部中天众之首领。四大天王也称四大金刚。天王造像一般身着铠甲,宽胸束腰，脚穿毡靴，攥拳怒目，神情威猛，有时还脚踏夜叉或恶鬼，是古代将军威猛刚强的生动写照。

2. 力士

力士又称大力之士，有时称金刚力士，也是为佛护法的，有时立于洞窟门口。力士的地位低于天王，造像大多是上身赤裸，下穿裙子，小腿及双足外露，形貌魁伟，怒目相向，手执金刚杵以镇慑妖魔鬼怪。北石窟寺各个时期的洞窟均有力士形象，诸如第 237 窟（北魏）、第 135 窟（西魏）、第 60 窟（北周）、第 1、115、147 窟（隋朝）第 159 窟、169 龛（初唐）、第 1、2、3、16、32、36、38、39、42、45、59、110、203、257 窟、 第 59、110、203 龛以及石崖东台 4 窟（盛唐）都有生动形象的力士雕塑。力士肌肉坚实隆起，筋骨暴露，横眉怒目，愤然欲吼，令人望而生畏，给人以庄严肃穆的震慑力。第 135 窟的二力士上身袒露，戴项圈，下着大裙，刚强暴躁，袒裸赤膊，肌肉紧张，以咄咄逼人之势，对邪恶起震慑作用。第 32 窟为武则天如意年间开凿，两个力士残高 146 厘米，上身袒露，下着战裙，臂膀及胸部肌肉隆起，双脚跨立于山形台阶。第 257 窟的唐朝力士残高 180 厘米，上身袒露，肌肉发达，面部狰狞，下着裙，显得刚强威猛，孔武有力。据《大宝积经》卷八说，金刚力士原为勇郡王的法意太子，后归属托塔天王部下。他曾发誓说，皈依佛法后，要常常亲近佛，并愿作金刚力士，普闻一切诸佛秘要密迹之事，后来他果真如愿，成了手执金刚杵守护佛法的护法神。

罗汉

北石窟寺 165 窟明窗南北两壁，有宋代信徒发心雕刻的十六罗汉浮雕。十六罗汉雕凿技法娴熟，各位罗汉身着袈裟，形象惟妙惟肖，情态各异。罗汉，全称阿罗汉，含有一不生、二杀贼、三应供三义。《大智度论》卷 31《序品》曰 ："云何名阿罗汉，阿罗明贼，汉名破。一切烦恼贼破是名阿罗汉。复次阿罗汉一切漏尽破，应得一切世间诸天人供养。复次阿名不，罗汉名生。后世中耕不生，是名阿罗汉。" 关于罗汉的故事在北凉（397—493）道秦译《入大乘论》中已经提到，但未一一列出十六人名字，后来十六罗汉是依据唐玄奘译《大阿罗汉难提密多罗所说法住记》中记有十六罗汉的名姓其各自特征 ：

第一尊者为宾度罗跋罗惰阇（Pindolabharadvaja），释迦牟尼的四大声闻之一，又作宾头卢婆罗堕，宾头等。意为"捷疾"。出身婆罗门贵族，原来是拘舍城优填王的大臣。他出家后，证得阿罗汉果，并以神通见长，据《十诵经》载，佛陀在王舍城时，树提居士将一木钵高高悬起，并声言若有沙门能不用梯杖取下此钵，钵便归其所有。尊者即入定，用神通力腾空而起取下木钵。佛因他在未受戒人面前妄自显弄神通，不准他入于涅槃，命他率一千阿罗汉常住人间，造福世人。据说他曾经骑鹿回到拘舍城王宫，劝国王出家，所以人们称之为“骑鹿罗汉”或“坐鹿罗汉”。

第二尊者迦诺迦伐蹉（Kanakavatsa），佛陀偶然遇到迦诺迦伐蹉虔诚地礼拜，为他讲了“四种结业”（即杀生，盗窃，邪淫，妄言）、“四处恶行”（即永无满足之自私的贪欲，忌妒交狂之恼怒的嗔恚，所做行业之后果的恐惧，执断执常知己见的愚痴）和“六种不应做的事”（即嗜酒，好赌，闲荡，沉迷歌舞，爱交恶友，懒惰）。迦诺迦伐蹉听后，茅塞顿开，成了佛陀的弟子，并证得阿罗汉果，又被后人称谓“喜庆罗汉”。

第三尊者迦诺迦跋厘惰阇（Kanaka・bharadvaja），是个很容易冲动的人，佛陀特地为他讲了长生童子的故事，使他不再和其他的人争吵，由于他化缘的时候每次都是举起铁钵向人化缘，修成罗汉后，被世人称为“举钵罗汉”。

第四尊者苏频陀（Suvinda），是佛陀的关门弟子。他常常手托一塔，因塔是为葬佛舍利的，所以此塔便成为佛的象征。他为表示怀念和追随佛祖，特制一塔随身携带，所以苏频陀尊者又称“托塔罗汉”。

第五尊者诺距罗（Nakula），出家前是一名勇猛的战士，后来出家，佛陀让他静坐，放弃从前当士兵时的那种粗鲁，野蛮性格。但他静坐时仍显出大力士的体魄，所以他又称“静坐罗汉”。

第六尊者跋陀罗（Bhadra），意为“贤”，本是佛陀的一名侍者。传说他主管洗浴事，有些禅林浴室供其相。跋陀罗的母亲怀孕临盆时把他生在了跋陀罗树下，所以给他取名为跋陀罗。据称，他曾乘船去东印度群岛传播佛教，因此后世称他为“过江罗汉”。

第七尊者迦理迦（Karika），是佛陀的一名侍者。他本是一位驯象师。象的力量非常大，耐劳又能致远，也是佛法的象征，所以世人称他为“骑象罗汉”。

第八尊者伐阇罗弗多罗（Vajraputra），身体魁梧健壮，仪容庄严凛然。据说他往生从不杀生，广绩善缘，故此一生无病无痛，而且有五种不死的福力，故又称他为“金刚子”，深受人们的赞美，尊敬。

第九尊者戍博迦（Svaka），意“贱民”，他的出身低微，原是舍卫城的乞丐，后为佛陀收留为弟子，深感佛陀法力无边，很快修成阿罗汉果，被称为“开心罗汉”。

第十尊者半托迦（Panthaka），意“路边生”，为一大富长者的女儿与家奴私通，逃到别国，久而有孕，临产思归，于中路产子，如是覆生第。长名“摩诃般陀”，弟名“周罗般陀”，译成汉语，兄叫“大路边生”，弟叫“小路边生”。兄聪明弟愚钝，后二人皆修成罗汉。半托迦是兄，弟叫“注茶半托迦”，为第十六罗汉。半托迦打坐时常用半跏趺坐法，打坐完毕即双手举起，长呼一口气，又称“探手罗汉。”

第十一尊者罗怙罗（Rahula），是佛祖唯一的亲生儿子，后来随父亲出家，证得阿罗汉果位，为“密行第一”，意思是在沉思中觉悟，在沉思中能知人所不知，又称“沉思罗汉。”

第十二尊者那伽犀那(Nagsaena)，意“龙军”，常称“那先比丘”。是佛学理论家，二十岁具足戒，后修证阿罗汉果。那先比丘到古印度西北舍竭国见国王弥兰陀，应国王的问，以各种比喻广泛说明人生无常，善恶报应等佛法以及佛教徒修行等问题，所有都载入《那先比丘经》里，是对佛教基本教义的最大阐发。又称“挖耳罗汉”。

第十三尊者因揭陀（Ingata），生于中印度一首相之家，是首相的独子，却没有因此而贪图享受，一心想出家，但却遭到家里的反对，几经辛苦，终于在他的国王的帮助下跟佛陀出家。另一说法是他是古印度的捕蛇人，经常携带一个布袋进山补蛇，以免行人被蛇咬伤。故又称“布袋罗汉”。

第十四尊者伐那婆斯（Vanavasin），是一个沉静有礼、谦虚好学的人。他深思好学，静心听讲，不但佛陀说的，而且其他人说的都用心去听，因此很快就得了阿罗汉果。由于他常在芭蕉下用功，故又称“芭蕉罗汉”。

第十五尊者阿氏多(Ajita)，因长相异常丑陋，被父母赶出家门，只好出门行乞。人们都被他的容貌吓着了，没人愿意施舍他。他只好藏入山林，靠山泉野果为生，孤苦伶仃地过着野人般的生活，就连山中的鸟兽也怕他。佛陀入山中度化他，阿氏多见到佛陀和比丘的身影就逃之夭夭。佛陀变成一位丑陋如鬼的人去接近阿氏多，阿氏多见到一个相貌跟自己差不多的人，先是惊讶，接着便高兴地说："我们都一样丑，一样寂寞，就做个好朋友"。佛陀说："好的。好朋友，我先敬你这钵中的饭吧。"阿氏多一听，便把饭吃光，当他吃完后，却见眼前的人变成了个俊秀的人。他奇怪地问为何他变成好看的人。佛陀指着远处在坐禅的比丘说："我刚才吃饭时，恭敬地看着那位比丘坐禅，这恭敬的心得到果报，我就变得端正了。"阿氏多十分高兴地说："要能这样就好了，丑人太苦，我真想变得端正些。"便恭敬地瞧着比丘坐禅。这时，佛陀现了他的真面貌，光辉遍体，端庄慈祥。阿氏多不由自主地跪在佛陀面前，请求出家，佛陀高兴地说："好，我收你为弟子。"阿氏多在佛陀的身边，勤修苦学，不久就成了阿罗汉果，又称"长眉罗汉"。

第十六尊者注荼半托迦（Cudapa），是"半托迦"尊者的弟弟，在半托迦尊者的接引下，注荼半托迦也跟着佛陀修行了。但注荼半托迦生来迟钝，出家四个月一句偈语也学不全，但在佛陀的精心点化下，不久也证得阿罗汉果。佛陀送给他一根锡杖。他化缘时就在人家门口摇动锡杖以求布施，故他又被称作"看门罗汉"。

罗汉是汉传佛教中汉化程度很深，深受信徒爱戴的一种神祇。罗汉的造像一般为出家人打扮，光头无肉髻，身披袈裟或大领僧衣，脚上有鞋。据说佛祖涅槃时，嘱托他们不要追随涅槃，要他们常住世间，弘扬佛法，受到世人的供养，而为众生作福田。对十六罗汉的崇拜始于唐代，宋以后普遍出现于各地的佛寺塔庙中，作为诸恶不作，众善奉行、修身养性、济世安民的形象而深入人心，其影响甚至远及朝鲜半岛和日本等地，迄今仍长盛不衰。由于佛经中并无罗汉形象的具体描述，因此罗汉造像从一开始就带有强烈的民间信仰性质，在一定意义上，喜怒哀乐溢于言表、尽现人间世态悲欢的罗汉形象是隋唐以后佛教在中国进一步世俗化和本土化的重要标志之一。除了十六罗汉的说法外，后来还有十八罗汉和五百罗汉之说，十八罗汉是在上述十六罗汉以外增加庆友和弥勒尊者，但严肃的佛教著作还是认可十六罗汉。合水县莲花寺就有宋朝绍圣二年（1095 年）雕凿的五百罗汉。不同的是，十六罗汉属实，而五百罗汉则是虚拟的。

天龙八部

天龙八部，即天、龙、夜叉、阿修罗、乾闼婆、紧那罗、迦楼罗、罗睺罗迦等八大部众，是佛教的护法神，分别执管各类具体的事物，或维持秩序（天），或管理雨水（龙），或守天城池门阁（夜叉），或以力作战（阿修罗），或为佛施香作乐（乾闼婆、紧那罗、罗睺罗迦），或防除灾毒（迦楼罗）等。其实他们大多都是和佛作对的外道，后被佛以力征服，才为佛的部属。

阿修罗

阿修罗原是印度远古诸神之一，为天龙八部之一，居住在众相山中，或住在大海之底，是佛教中的护法战神。如同阿修罗的梵文翻译意指“非天”、“非类”、“不端正”，被视为恶神，属于凶猛好斗的鬼神，经常与帝释天争斗不休。他的果报殊胜，能生活得有如天人般享福，但却没有天人的德性，性好争斗。北石窟寺第165窟的北魏雕凿的阿修罗三头四臂，一只手高举太阳，另一只手擎月亮，一手紧持金刚杵，一手握着降魔杵，脚踏滔滔海水，头顶巍巍山岳，怒目圆睁，凛然不可侵犯，具有一种所向披靡、不可战胜的雄迈气概。

《法华经》序品列有四个阿修罗王，即婆稚阿修罗王、佉罗骞驮阿修罗王、毗摩质多罗阿修罗王、罗侯阿修罗王。婆稚，意为勇健，是阿修罗与帝释天作战的前军统帅；佉罗骞驮，意为吼声如雷，亦名宽肩，因其两肩宽阔，能使海水汹涌，啸吼如雷鸣；毗摩质多罗，意为花环，其形有九头，每头有千眼，九百九十手，八足，口中吐火；罗侯，意为覆障，因其能以巨手覆障日月之光。在天界的战争中，阿修罗王与帝释作战时，因手能执日月，障蔽其光，而被称为罗怮罗阿修罗，罗怮罗意即为障月。他能有以手障日月，形成日月蚀的威力，是因他过去生为婆罗门时，见到大火烧塔，灭火而使塔不坏，而以此救塔之福德为因，愿得大身。最终为佛所制伏，使其释放日月，改恶从善，皈依佛门，并成为佛门最得力的保护神。第165窟是在奚康生镇压了泾州僧人刘惠汪起义之后开凿的，在象征北魏皇家世系的七佛之下凿阿修罗，是希望参与起义的泾州佛教势力能够像阿修罗那样成为北魏统治者（即当今如来）的忠实维护者。

飞天

北石窟寺第165窟南壁和西壁交接处的壁面上，雕一近裸的凌空飞翔的飞天，北壁和东壁交接处的壁面上两佛之间雕一半身飞天；楼底村1窟中心柱东面雕有两个飞天；另外，第237窟、第250窟也有飞天形象。

飞天是佛教艺术中能在空中自由飞翔的天人，她反映了古代人们渴望自由、盼望征服太空的美好愿望。飞天和羽人的主要区别是：羽人靠羽翼飞翔，飞天则仅仅凭借身上长袖、长巾而凌空翱翔。从起源和职能上说，飞天不是一位神，而是乾闼婆与紧那罗的复合体。乾闼婆是印度梵语的音译，意译为天歌神。由于他周身散发香气，又叫香间神。紧那罗是印度古梵文的音译，意译为天乐神。乾闼婆和紧那罗原来是印度古神话和婆罗门教中的娱乐神和歌舞神。神话传说中说他们一个善歌，一个善舞，形影不离，融洽和谐，是恩爱的夫妻。后来被佛教吸收，化为天龙八部众神中的两位天神。飞天是佛教艺术中的一个独特的形象，佛教之飞天出自印度的古老神话。“飞天”一词，在中国最早见于《洛阳伽蓝记》卷二：“石桥南道有景兴尼寺，亦阉官等所共立也……飞天伎乐，望之云表。”据佛经记载，飞天为“乾闼婆”和“紧那罗”二神的衍变。二神是天龙八部中主管音乐、舞蹈之神，《妙法莲花经文句》卷二称“乾闼婆，此云嗅香，此是天帝俗乐之神”。唐代慧琳说：“真陀罗，古作紧那罗，间乐天，有微妙间响，能微妙音响，能作歌舞。男则马首人身，能歌;女则端正，能舞。次此天女，多与乾闼婆为妻也。”乾闼婆与紧那罗被佛教列入天龙八部神后，随着佛教理论和艺术审美以及艺术创作的发展需要，由原来的马头人身的狰狞面目，逐渐演化为眉清目秀，体态俏丽，翩翩起舞，翱翔天空的天人飞仙了。乾闼婆和紧那罗最初在佛教天龙八部众神中的职能是有区别的。乾闼婆——乐神的任务是在佛教净土世界里散香气，为佛献花、供宝、作礼赞，栖身于花丛，飞翔于天宫，紧那罗——歌神的任务是在佛国净土世界里为佛陀、菩萨、众神、天人奏乐歌舞，居住在天宫。不能飞翔于去霄，后来乾闼婆和紧那罗的职能混为一体。乾闼婆亦演奏乐器，载歌载舞；紧那罗亦冲出天宫，飞翔云霄。乾闼婆和紧那罗男女不分，合为一体，化为后世的飞天。隋代以后，乾闼婆和紧那罗混为一体，已无法分辨了。只是音乐界、舞蹈界写文章时，为了把他们和乐伎加以区别，把早期天宫奏乐的乾闼婆定名为天宫乐伎，把后来合为一体、持乐歌舞的 飞大定名为飞天乐伎。

北魏时期的飞天脸形由椭圆变为条长而丰满，五官匀称协调，身体比例逐渐修长，姿态也多种多样，或对面私语，或横游太空，或振臂腾飞，气度豪迈大方，势如翔云飞鹤。飞天起落处，彩云飘扬，大化乱坠，颇有诗意。北周时期的最大特点是出现了裸体飞天。他们全身裸露，挥臂扭腰，脚尖指地，其激烈有力的舞姿，与潇洒飘逸的西魏中原式飞天迥然不同。唐朝是佛教艺术的黄金时代，也是飞天发展的最高峰。唐代飞天多以个体单独活动，有的脚踏彩云徐徐降落，有的双手抱头，从空中俯冲而下，势若流星；有的昂首挥臂，蛙游太空，有的并肩遨游，窃窃私语，舞带随风悠悠漫卷；有的围绕宝盆，相互追逐，形成了圆环旋转形式。唐代飞天创造了一个优美而空灵的想象境界。盛唐时期，“飞天在宏伟的经变画中腾空落地，上下自如，轻歌曼舞，无拘无束。他们身着时装，或身姿轻盈而秀丽怡目，或体态丰盈而雍容大度，体现出时尚之美”。李白《古风》云：“素手把芙蓉，虚步蹑太清。霓裳曳广带，漂浮升天空。”

北石窟寺所见的飞天均属于北魏时期的作品。北石窟寺飞天从艺术形象上说，不是一种文化的艺术形象，而是多种文化的复合体。飞天的故乡虽在印度，但北石窟寺的飞天却是印度文化、西域文化、中原文化共同孕育成的。它是印度佛教天人和中国道教羽人、西域飞天和中原飞天长期交流、融合为一，具有中国文化特色的飞天。飞天是佛教最生动活泼的形象，职能是侍奉佛陀和帝释天。是佛教八部众之一的乐神，原来是古印度婆罗门教的群神之一，是天神和阿修罗从乳海中搅出来的。紧那罗乃古印度神话的神，后来逐渐演变为佛教八部众之一。在印度、中国和中亚的石窟艺术中，飞天是常见的形象。飞天出自印度，公元前二世纪的雕刻和壁画中就有了飞天的形象，后来经丝绸之路传到中国。从佛经描述看，飞天似人非人，头上长角，但经过艺术家之手，却都成了形貌俊美的天男天女。

从石窟造像的构图来看，“飞天”只是佛祖讲经说法的陪衬。

而从宗教层面来看，它们不仅仅是用来衬托与装点石窟造像的画面构图，而是引领世人抵达净土极乐世界的引路者。它们用飘动婀娜的身形、缥缈虚幻的舞姿鲜活地向世人展现与传达了佛国世界的美妙盛景。在宗教阐释学中，或者在佛教大众化和佛学通俗化的过程中，飞天就是佛教大众化和佛学通俗化的信使，她们用自己的身体语言全面阐释如来世界的美好，她们向世俗世界播撒色彩缤纷的仙花，她们以馥郁的芬芳向世俗世界展现她们的允诺，通过飞天的仙乐，世人可以达至彼岸世界的灵境。

伎乐人与供养人

第 165 窟佛传故事中有众多伎乐人或手持琵琶，或弹奏阮咸的场面；第 135 窟佛的背后有高髻、着圆领大衣的伎乐人吹奏长箫和排箫、敲击铃钹的浮雕。在佛教石窟的雕塑或壁画中，凡是描绘人间世俗活动，其中的奏乐作舞者，都是伎乐人。伎乐人又称“供养乐伎”，是社会现实生活的直接反映，比较客观地反映出世俗世界的乐舞。

在佛国世界中，最实在同时也最卑微的是供养人。供养，也是一个佛教名词。简单地说就是以香花、灯明、饮食等资养三宝为“供养”。还可以分作财供养和法供养两种，香花、饮食等物叫财供养；修行积德，利益众生叫法供养。供养人，是指因信仰某种宗教，通过提供资金、物品或劳力，制作圣像、开凿石窟、修建宗教场所等形式弘扬教义的虔诚信徒。北石窟寺历代供养人，包括当时社会上各阶层的人物，有寺院僧侣（比丘、比丘尼、优婆塞、优婆姨）、地方官员（如唐朝时的临泾县令杨元裕、丰义县令安守筠）、庶民百姓（如清信士、清信女、施主、工匠）等。

供养人是信仰佛教出资开凿窟龛的人，“为出资发愿开凿洞窟的功德主、窟主、施主及与其有关的家族、亲属或社会关系成员，当然并不表示他们是洞窟开凿的工匠等人物”。供养人雕像，即为出资开窟造像的施主所画或雕刻的功德像。北石窟寺历代开凿的洞窟中有许多供养人的形象，如第244、229、237窟（北魏）、第44、70窟（西魏）、第199窟（北周）、第85窟（隋朝）、第159窟（初唐）等。对于供养人来说，追求的主要是对佛的虔诚，并不要求肖似。所以供养人像往往千人一面，形神单调，没有个性。早期（包括北魏、西魏、北周）供养人像多数作绕窟礼佛状，一般画在窟内四壁下部接近地面的很不显眼的地方，如第44窟、第70窟的供养人浮雕都在龛下不太显眼的地方。有的中心塔柱座沿或座身也有供养人像，如楼底村1窟中心柱东面下层龛楣的拱手而立的供养人浮雕。男供养人像多画在北壁（主尊左侧），女供养人像多数在南壁（主尊右侧），如第70窟南面下部龛内是六身着对襟宽袖长衫、下着大裙的女供养人浮雕，北面龛内下部是六身着通肩大衣的男供养人浮雕。供养人题名中绝大多数不写官衔，只冠以清信士、清信女、信士、信女、弟子等称号。这一时期的供养人画像及其题名明显强调人对于佛的虔诚，突出的是佛，而不是人。至今在北石窟寺还没有发现北朝时期的供养人题记。

隋唐以后，雕塑内容发生了变化，突出了人的地位，所塑造的供养人，既写实又有个性。第一，供养人位置移到甬道南北壁或主室内东壁甬道口上部和两侧的显著位置；第二，彩饰繁缛，男则峨冠绯袍、紫金鱼袋，女则凤冠绣衣，润面丰姿，极尽奢华；第三，提名意在显耀官势，所有官衔勋位，尽皆书之。如第159窟男供养人着圆领窄袖长袍，下着靴；女供养人上着圆领窄袖衫子，下着齐胸长裙，披肩自双肩搭下穿肘后下垂。在供养人的旁边阴刻题铭，如"将侍郎萧太师"、"校尉刘相寿"等，突出了官衔。而第32窟和第257窟虽然没有供养人浮雕，但在发愿文中却详尽地记述功德主的职衔，前者曰：

大周如意元年岁次壬辰四月甲午朔八日戊戌太州□堂县人奉义郎行泾州临泾县令杨元裕敬造阿弥陀佛像一铺。

凡夫普明□眼慧□六通海镜无□而临有际倾心雾□□奉□奔者欤临泾县令杨元裕奉为亡□银青光禄大夫行□台待□行泾州□□亡姐弘□郡夫人□□□氏敬造阿弥陀佛一铺弘□□……

后者曰：

惟大周证圣元年□□□未六月己酉朔廿五日□□县朝散大夫行宁州奉义县令安守筠为七代父母见存眷属及十界苍生于宁州北石窟寺造窟一所一佛二菩萨迦叶舍利□七世□□□□讫以此功□□除八难□□安生亡□□解

脱永世有□□咸登正觉。

这些发愿文及浮雕为我们研究陇东社会生活史和服饰史提供了宝贵的资料。北石窟寺的供养人塑像和发愿文，也是研究陇东石窟营造历史的宝贵资料。现存北石窟寺的各时代供养人浮雕，脉络清晰地展示了陇东一带传统人物浮雕的发展过程和优良传统，对后世人物雕塑绘画艺术创作具有很好的借鉴价值。

造像欣赏

北石窟寺的造像从窟顶到窟底再到四壁，主尊及胁侍者包括诸弟子、菩萨、金刚力士与供养人等，更是重点突出的对象，成为窟龛尽心表现的中心，各地各时的艺术风格便毕现在此窟龛之中，极尽图案装饰之能事。虽然有着较强的程式化性质，但是，完全雷同的处理却基本没有，整体上呈现出动态变化发展的趋势，诸窟之门楣、门额与表现辉煌独特，严整瑰丽的雕绘四壁和窟顶（特别是典雅无比的藻井）、地面的丰富装饰浑然一体，愈发使石窟的微观部分显得精美绝伦。北石窟寺的造像虽然都是遵循一定的仪轨和程式，但这并不能完全阻止古代雕刻工匠的艺术创造灵气，他们在有限的空间中完成了气度非凡、活灵活现的形象塑造，使观瞻者在增强事佛信念、诚心向善的同时，获得审美的愉悦。

悲壮的舍身

在佛本生故事中包含着深奥的哲理、鲜明的佛教教义，以艺术的手段抽象地将宗教理念转化成活灵活现的可视图像，令人观赏之余，受到强烈的震撼与启迪。北石窟寺的萨埵太子舍身饲虎浮雕，渲染了萨埵太子牺牲肉体生命铸就自己高尚的灵魂，体现佛教的普度众生思想，在全国各地石窟的同类作品中是十分突出的，在精神上是极度虔诚庄严的。

第 165 窟窟顶四面坡上，有浮雕萨埵王子舍身饲虎的连环画式佛本生故事。画面自南而北依次为：第一组，画面上有一人半卧于一座人字坡顶的殿堂之上，身后有两人陪伴着，其中的一个人掩面哭泣，表情十分痛苦。在与此殿堂并列的另一座人字坡顶的殿堂之内，有两个人并排端坐，神情非常庄重。在殿堂之外，有一人拱手而立，显得恭敬而谦和，好像在倾听殿堂内的询问。第二组，画面上有一贵族装束的人昏厥在地，两个家眷或侍女跪在两旁，抱头抚胸，表现出痛不欲生的样子。在这些人的身后还有三个人拱手而立。第三组，两个装束华贵、身躯高大的人，被几个侍从簇拥着，身前站着一个人，好像在向两位贵族告别。第四组，画面的周围雕山林，在峰峦迭起的旷野中，有一个头发披散的人僵直地躺在地上，一只大老虎瞪着眼睛张开大口，走向死者，山冈上还有四只弓背伸腰的小老虎，好像要跳下悬崖，直扑死者。第五组，画面分上下两层，有四组人物组成，分别表示修行、说法、求道等场面。这是一幅典型的萨埵王子舍身饲虎故事连环画。浮雕遭风化破坏，仍可看出故事的内容。

窟顶西披图像的各个故事情节被布置在一个宽大的梯形平面上统一设计。浮雕分上下两段，可辨者有三兄弟出游、三兄弟遇虎、萨埵返回老虎处、萨埵跳崖、被虎啖食、王后惊梦、二兄回宫报信、王后闷绝倒地、王及王后赶赴现场、收拾遗骨起塔供养等 11 个画面。萨埵王子舍身饲虎的故事分别在《贤愚经·摩诃萨埵以身施虎品》《金光明经·舍身品》《菩萨本生鬘论·投身饲虎缘起第一》《佛说菩萨投身饲饿虎起塔因缘经》《六度集经·菩萨本生》《分别功德论》等佛教经典中都有所反映。

舍身饲虎浮雕故事是北石窟寺所保存的佛教故事中的最为完整的一个，在横长的斜坡上以连续和穿插的构图形式，表现了三兄弟出游、遇虎、萨埵跳崖、被虎啖食、王及王后惊梦、赶赴现场、王后昏厥在地、收拾遗骨、起塔等情节完整的故事内容。画面被长条形隔离带分成多层，各个画面之间自然区分，具有十分强烈的整体感。以如此宏大的场面表现舍身饲虎故事殊不多见，实不愧为北魏的艺术杰作。从北石窟寺连环穿插式浮雕的故事情节看，主要依据的是《金光明经·舍身品》。舍身饲虎的壮举，使这幅浮雕连环画产生了宗教性的悲剧审美价值，隐喻、宣示了佛教“普济众生”的慈悲情怀。就表现手法而言，各幅浮雕画面连贯统一，故事感染力极强。佛经中讲，萨埵太子纵身投向山崖，被饿虎吞噬，“血肉模糊，骨骼狼藉”，场景令人目不忍睹。但浮雕中避开了血腥的镜头，没有去宣示萨埵太子失去生命瞬间的极度痛苦，没有强调饿虎啖食萨埵太子的血淋淋的场面，而是以一个灵魂出窍的形象将萨埵太子的精神与躯体分开，一个向上浮，一个向下沉，仁慈的三太子以完美的形象，把惨烈的形象放之连环画之外，留给观赏者去想象。

坚忍的呵护

第 165 窟顶北披有一方浮雕，刻一人剜腿肉，一人持鸽，还有坐佛、供养比丘和持琵琶、阮咸、长毒的伎乐人，他们共同组成热烈的故事画面（图 5-1）。画面左侧平台上二人侧身而坐，其中后一人右臂横于胸际，手臂上站一鸟（应为鸽），左手上举，其前有榜题，风化不清，身后一人弹阮咸。此应为天帝释的臣子毗首竭摩化身为鸽被天帝释化作的老鹰所追逐，仓皇飞来并依附于尸毗王，尸毗王与鹰对话。前一人低头，双手下垂至腿部，作割肉状，前有榜题也已不清。此表现尸毗王决心以己身肉贸鸽。其前又站立一人，面向尸毗王。画面右侧，站立二人，均低首，其中一人手中端持一物，此二人应为尸毗王臣属。再右一人，侧身怀抱琵琶，正在弹奏。最右侧又一人，单腿跪地，低头双手合十。这幅浮雕反映的是佛本生故事尸毗王割肉贸鸽。

图 5-1　尸毗王割肉贸鸽浮雕

《菩萨本生鬘论 · 尸毗王救鸽命缘起第二》讲，过去佛在阎浮提中作大国王，名叫尸毗。尸毗是一个意志坚定的善王，他乐求佛道，心地善良，宁可牺牲自己也要维护佛法。三十三天帝释想在人间寻找一个救世大菩萨，他的臣子毗首推荐了尸毗王，帝释决定考验一下尸毗王。有一天，一只饿得两眼发红的老鹰看见一只鸽子，便猛扑上去要吃掉鸽子。鸽子匆忙逃命，飞到了乐善好施的尸毗王跟前，苦苦哀求救命。佛陀安慰道："不要害怕，我保护你。"此时，老鹰也赶过来了，愤怒的说："把鸽子还给我。"尸毗王恳求老鹰放过鸽子，凶恶的老鹰以饥饿为由，坚持要吃掉鸽子。尸毗王说："我已经答应保护鸽子的安全，你要吃什么我加倍奉与你。”老鹰说：“如果你怜悯它，那你就割下和鸽子等重的肉给我。”

为了救护鸽子弱小的生命，尸毗王毅然拿刀子割下自己腿上的肉饲鹰。尸毗王便叫人拿来称，把鸽子放在称盘里，然后把自己身上割下的肉放在另一个盘子里，结果不够重。一直把两条腿上的肉都割完了，重量还是不够，他便站起来用全身的重量压在称盘上。他的大慈大悲的精神感动了上苍，刹时天地震撼，诸神感慨。原来饥饿的老鹰是帝释天变化的，而那只鸽子则是帝释天的臣子毗首天子所变化的。帝释天考验出尸毗王的确是慈悲的菩萨，于是招来天医为尸毗王治伤，在天医用神水治疗下，尸毗王又恢复之前健壮的身体。帝释天很欢喜，和大臣们向尸毗王表示敬意后，欢喜地回到三十三天去了。

萨埵太子为了救助饥饿的老虎和嗷嗷待哺的虎崽不惜牺牲自己，而尸毗王为了解救老鹰攻击下的鸽子毅然决然地奉献身上的肉。以舍身饲虎本生为代表的施舍类本生故事在我国北朝时期非常流行，它们以血腥残忍的方式倡导佛教的禁欲忍辱、牺牲奉献精神。

智慧的微笑

在北石窟寺造像中，虽然有许多弥勒佛或弥勒菩萨，没有一般寺庙中见到的开怀大笑的弥勒佛。所能见到的佛和菩萨的笑容显得很内敛，是一种微微的、慈悲的笑意，观者很容易被打动。

龙树在《大智度论》中说："笑有种种因缘，有人欢喜而笑，有人瞋恚而笑，有人轻人而笑，或见异事而笑，或见羞耻之事而笑，或见殊异而笑，或见稀有之难事而笑，今是为第一稀有之难事也，为众生说法欲使之得解脱，是为第一难事也……是以难事，故而笑。"按照龙树的说法，佛陀的微笑不是无缘由的，往往是遇到稀有之难事，在困难面前镇定自如，淡然而笑，显示出大智者的深沉、从容。佛的微笑，是灿烂的旗帜，安详的目光，就是幸福的窗口无论是相识相熟，还是萍水相逢，无论是迎面而来，还是擦肩而过，一样得到春风般的抚慰。第 240 窟内所有造像面型宽阔，五官较集中，但线条却清秀细致，嘴角上扬，眼中含笑。在佛国世界里，既然同踩一块陆地，同顶一片蓝天，何必分清你我西东，何必论莫逆之交还是胸怀怨怼，相逢一笑泯恩仇，宽容和睿智才能铸就永恒的未来，无言的祝福胜过万盏佳酿。

骑象的普贤

第 165 窟门内南侧，有一铺骑象菩萨（高 3.05 米）是该窟中最为精美的一铺造像。（图 5–2）

菩萨身材修长，细颈削肩，头戴宝冠，身着褒衣博带式袈裟，左舒相坐于象背中央，左手置于右腿之上，右手上举于右胸前，秀目微睁，朱唇紧闭，嫣然含笑，风姿绰约，俨然一副大慈大悲、普渡众生的神态。前后各有驭象奴与一弟子，前面的驭象奴上身赤裸，下着犊鼻裈，双眉紧锁，怨怒异常，手持金刚杵双腿跪于

图 5-2　骑象的普贤菩萨

象背之上；后面的弟子笑容率真，着袈裟手捧摩尼珠单膝跪于象背之上。整组造像比例协调，大小适中，人物形态各异，动静有度。象奴与弟子的一怒一喜，更加衬托了菩萨的聪明睿智、心如止水、宁静致远的境界，似乎将人间众生的万事万物了于胸臆，将人世间的喜怒哀乐化作俨然一笑了之，更进一步向世人诠释了佛法的深奥。菩萨、弟子、象奴同处于象背之上，正如佛教中提倡的众生平等。其艺术价值之高，是无法用语言来表述的。

威猛的战神

第 165 窟阿修罗天是北石窟寺与其他石窟相比具有特色的造像，在全国石窟群中占有一定的地位。

阿修罗天是北石窟寺一尊非常独特的代表作雕像。佛经中的阿修罗天是一个勇猛威武并令人望而生畏的形象，又是一个充满战斗性格的化身。阿修罗天造像多头多臂，手持日月，张臂举杵。雕刻者用洗练硬直的刀法，概括地显示阿修罗天震撼天地的威力和气吞山河的气概。采用“大斧劈”的刀法和平面阴刻相结合，石雕、半石雕、浮雕相统一，在统一中求变化，在变化中丰富。把写实与写意相结合，具象与抽象相结合，用想象与夸张的手法，达到了表现阿修罗天的高度技巧。

最美的菩萨

在北石窟寺第 71 龛，有一尊精美的石雕菩萨像，造像高 63 厘米，砂岩质地，面部被毁，为北周造像，推测为周武帝灭佛或唐武宗会昌五年（845 年）毁佛所为。

菩萨宝缯垂肩，颈戴项圈，披长巾自双肩搭下，从肘内穿下自然垂地。上身袒露丰腴的腹部及肚脐，下着裙，裙腰外翻下垂，双手合于胸前做捧物状。

该造像采用圆雕加阴线雕刻形式，身材丰腴而比例匀称，菩萨衣饰虽然有披巾、长裙和裙腰三个叠压层次，但是却全部紧紧贴身，随着优美的身材弧线流水般舒展下垂。工匠高超的技艺秘诀就是用三种不同的阴刻细线巧妙区别：披巾用流畅纤细的弧形线条，披巾尾端向外微微撇开，呈“S”状大弧度卷曲；长裙用接近竖直的精细线条下垂，下边做盘长状褶皱；裙腰用细密的短直

图 5-3　第 71 龛菩萨

线表示多褶，边沿为横“S”形小褶皱，轮廓明朗细致。这样同时将充满青春活力的身躯、丝绸轻柔飘逸的衣服质感和穿着形式表现得淋漓尽致，呈现出一个美丽善良、端庄典雅的优美姿态，这无疑是当时标准美女的形象特征（图 5-3）。在如此粗糙的砂岩上雕刻出如此精致典雅的艺术精品，体现了匠人将现实与理想、人与神之美交融于一体的高超技法，让人们在感受现世红尘中最动人的艺术的同时，对佛教世界和佛教精神充满了神奇的向往，堪称古代石刻造像中最具代表性的经典之作，为北石窟最美菩萨造像。

虽然面部已经风化，五官不再清晰，但如此优美的身躯和姿态让人们不禁联想她有着饱满圆润的面颊、高挺的鼻子、如云的卷发、面形方圆、修长弯曲的细眉、微微开启的眼睛、小口薄唇面带微笑的神态，充满了幸福自在和自信。

翱翔的飞天

飞天，作为石窟造像艺术的一种形式，伴随佛教教义与佛造像的附属而传播存在，并被赋予特殊的艺术美感价值。楼底村 1 号窟中心柱东面下层龛楣外的两身飞天，身穿与云冈、龙门相同的羽尾裙，肩披飘带，身姿娇健优美，在疾风中婀娜飘舞，这是陇东工匠向中原学习之作或即为中原匠师之作。1975 年庆阳地区文化馆于庆阳县温泉公社鸭口队征集到“羽人昭明铜镜”，圆形，宽边，直径 19 厘米。柿蒂圆钮，以弦纹分内、外两区：内区以 4

图 5-4　楼底村 1 号窟的飞天

个乳点等距离分为 4 组图案，对称的两组为羽人戏龙图，一组为虎逐獬图，另一组为龙虎斗图；外区为文字："而内而青而明而昭而象而夫而日而月而光而亮"。（图 5-4）

虽说佛教石窟寺艺术中的飞天是依据佛经创作的，但北石窟寺飞天的具体形象，却很可能来自传统的飞仙形象。而印度阿旃陀石窟有些藻井天花图案中的飞天形象，身材粗壮笨拙，袒裸上身，大腹丰臀，仅着一短裤，围一短带，若石下坠，它较之汉化飞天那种轻盈洒脱的窈窕身段，简直不可相提并论。

千载的思惟

思惟菩萨是南北朝中后期“石窟造像中的主要造像之一，这个形象是根据释迦牟尼本行中对各种事物思惟而造出的”。思惟菩萨像为中国所创，流行于南北朝时期，后代渐少。支腮担一腿的半跏趺坐思惟菩萨像，是释迦在出家之前沉思人生苦难的形象。思惟的字面义是思索、思虑，内含义是忧思、忧愁、悲伤，一种修行方式是它的引申义。佛教思惟像是佛教中以手臂和手的姿势为关键特征，头的位置和面部表情为辅，表示忧愁、悲伤等情感和思索、慈悲、智慧、不思议慧等特定宗教意涵的一种宗教艺术造型的形象（造像）。手臂和手的姿势是手臂抬起，手作思惟、支颊姿势，这种姿势是：一手臂抬起靠近头的一侧脸颊，头向着抬起的手微微倾斜或者脸枕着手掌；或举起的一手以食指一个指头或者食指和中指两个手指支着或指向脸颊、额部或者下颔部位；或手掌心托下颔；下颔枕着手背或手抚嘴；抬起手臂的肘部悬空或放在大腿、膝盖上，有时另一手会托着抬起手臂的肘部或置于肘部内侧。即一只手和头、头的某个部位有正确的关系，代表了“思惟”，才符合思惟手的标准。

楼底村 1 窟中心柱东面（正面）南端菩提树下，坐着一个思惟菩萨，龛楣浅浮雕有一组一佛二菩萨二弟子一供养人的组合，两个菩萨为思惟菩萨。左相坐于筌蹄座上，身姿向右倾，左手屈肘撑于腿上，右手屈肘上抬支颐，作思惟手，脸部剥落残损，后有项光，衣饰和同时期麦积山石窟中的思惟像所着衣饰相同。头向右倾斜，双目微合，作思惟状，似已彻悟（图 5–5）。圆拱龛外的马前腿站立，引颈低首。马上方有二飞天，一手捧鲜花，一吹笛向前方急速飞行，带动身后的巾带和裙裾急剧飘扬，不仅衬托飞天矫健的身姿，也预示太子离欲的决心和入山修道的急切心理。这是其他几幅白马舐足图像所没有的，颇具特色的构思。思惟菩萨盘膝而坐，其姿态之优美，神态之恬静，结构之准确，手法之简洁，均达到了高超的水平。

楼底村 1 号窟的思惟菩萨浮雕表现了太子即将入山林修道，告别白马的场景，应有马夫车匿，但太子前是三个立像，其中有供养人像，还是表示礼佛的意思，这说明犍陀罗的白马舐足图像传入中国以后发生了变化，图像发生了变化，图像的意义也有所改变。飞天向菩萨修行成佛礼敬的本义没有失去。

法国雕塑家奥古斯都·罗丹（1840—1917）的不朽之作《思想者》塑造了强有力的男子。弯腰屈膝，右手托着下颌，默视下面发生的悲剧。深沉的目光以及拳头触嘴唇的姿态，表现出一种极度痛苦的心情。这种表面沉静而隐藏于内的力量更加令人深思。

值得玩味的是，北石窟寺楼底村 1 号窟的思惟菩萨与罗丹的思想者虽然一个是浮雕，一个是青铜雕塑，但在形态上有着惊人的相似，而思惟菩萨雕凿于五世纪末或六世纪初，比《思想者》要早一千四百年左右。

图 5-5　楼底村 1 号崖思惟菩萨图

六

暂游真境欲忘筌

北石窟寺景观让人叹为观止，作为一座佛教艺术的殿堂，蕴藏了太多的神奇。北魏以来，北石窟寺以其博大的胸襟，迎接八方来客。说不尽丝绸之路的沧桑巨变，道不尽物是人非、喜怒哀乐，许多人前来一睹北石窟寺的风采，慨叹世事变迁，感受这里难得的静谧与安详。无数的游客在体悟人生旅程中，心灵得到一次洗礼，生命也得到一次全新的体验。

印象北石窟寺

覆钟山优美的自然环境和悠久的人文历史，自古就是人们心向往之的风水宝地和文化圣地，吸引四面八方的客人纷至沓来，或访古览胜，或游逛庙会，或焚香拜佛，或途经留宿，或祈求福报，或倾诉衷肠。这里依山傍水，风景优美，自然是古人放松心情的理想之地。

空间与时间的共鸣

北石窟寺造像利用中国传统的美术语言和文化特点，把雕塑、浮雕、石刻结合得相当完美，打破了西方雕塑中严格的空间艺术形式，形成了既有整体的空间关系，又有平面的雕刻层次，主次分明，相互呼应，节奏、韵律感强，构图奇特的艺术形式。在雕刻技法上，采用粗犷奔放与生动细腻相结合，在有限空间表现无限的想象，体现了北方朴实、敦厚的个性特征。既概括洗练，又刻画精到，充分体现了古代陇东的文化底蕴。以 165 窟为例，从窟顶向四周看，石雕的体块关系极为明显，错落有致，相互形成一种整体力量。层次清楚，主题突出，虚实得当，关系紧密，把佛、菩萨等石雕和顶部壁上的浮雕结合得天衣无缝。

佛教是石窟造像内容虽然纷繁复杂，其实是在表现一个共同的主题，那就是永恒。像《金刚经》中最重要的三句话是："过去心不可得，现在心不可得，未来心不可得，就是在说永恒。比如我们现在交谈的话已经过去了，就是说没有现在，就没有过去和未来。所以虽然佛教宣扬的是三世，但其实是在说永恒。释迦牟尼两个弟子，阿难和迦叶，一个年幼一个年长，也是说持续，修行是持续不断的，是永恒的。165 窟西北部的阿修罗举日托月，太阳和月亮就是一种永恒，太阳落下去，月亮升起来，月亮落下去，太阳升起来，世界永远是这样的。这也是一种规矩，有它的秩序，165 窟东南角的浮雕，一个人手里拿着规，一个人手里拿着矩，就在说这个世界是要有规矩、有秩序的（图 6-1）。

宗教题材的解读：秩序、永恒。整个石窟造像是一个完整的体系，要结合起来去欣赏。这里是丝绸之路西出长安后一座著名的佛教石窟圣地，1500 多年间，见证了丝绸之路上的佛法东来，

也留下了穿越千年却依然惊艳的石窟。昔日，丝绸之路途经陇东时为这里带来繁荣，七尊大佛连同众多的佛教造像默默地为迎送进出中原的官员、商旅以及他乡谋生的芸芸众生们祈福。历经了民族的盛衰，王朝的更替，岁月的沧桑，时间就在这些佛像的微微一笑之中静静流逝。历经千年风霜，古丝绸之路的遗迹却仍旧清晰可辨，并且因与现代文明心手相牵，而成为中国西北黄土高原上少有的风景区。

环境与心境的结合

石窟艺术，在一定程度上讲也是环境的艺术。环境可为石窟造像提供合适的场所，烘托造像的艺术效果。石窟环境几乎无例外地都选择在远离闹市的山清水秀之处，这样的环境本身就给人一种世外桃源的感觉，与佛教绝情洗欲，向往彼岸佛国净土的主张相合。北石窟寺处在寂静的寺沟川中，覆钟山下蒲河与茹河在寺前交汇，山水环绕，树木繁茂，绿草如茵，沿山开窟造像，佛国净土的幽静美丽，会给朝圣的信徒们或猎奇的游客们以强烈的感受，好像他们真的来到另一世界。两宋之际的宋万年感慨这里堪称世外桃源，诗曰："何必崆峒寻隐逸，此处真可老参禅。"

自然是人类生存的依据与最终归属，她赋予人类生存需要的各种可能性，她的生机与活力直接关系着所有生命个体的存亡，人们的集体无意识中有着对大自然，对大地最亲密与直接的情感，因而面对自然，心中总会涌动着一股最深彻的温暖与感动。根据佛教的说法，只有在生前不断坐禅苦修，才能逐渐达到寂灭的境界，死后可以进入极乐世界。因此，石窟寺一般都要建立在远离闹市的僻静山林中，使苦修者一边观像礼佛，一边诵读佛经，最终达到超尘脱俗的境界。把佛的居所置于深山峻岭之中，宁静、和谐的自然环境与外部世界的动荡、变迁恰成正比。似乎只有在此时此地、此情此景中，人们才能领悟佛旨"一切皆空"的真谛，才能让人在沧海桑田、世事流转之中得到深刻的启示、沉重的思索和感悟，才能得到会心契神的交流，内心的拷问与独白、情感的皈依和智慧的叩问，漂泊的心灵与孤苦的生命似乎在这里寻到了归宿。但考虑到僧侣们接受供养和方便香客的需要，石窟的位置又不能过于偏僻，往往选在即离开喧嚣的闹市，又能得到人间烟火供应的通衢大道旁边。北石窟寺具备这样的条件。

石窟位置的选择，也会给礼佛者造成感情震动。北石窟寺依山傍水凿建，朝拜者需要走过一段山路，越过河流，还须沿山坡小路攀登，才能见到造像，路途的艰辛，会加重礼佛者的虔诚，更充分地酝酿感情。急切朝拜佛像而不能立即见面，经过跋涉攀登，造像突然出现在面前，灵魂一下子就会被征服。石窟形制与造像的结合，也会造成一种气势，给礼佛者以感染。如第 165 窟，七尊八米高的佛像气势庄严雄伟。礼佛者进洞只能仰视，这样就造成主尊特别高大，自己特别矮小的效果，佛的威严神秘自然会更加突出。

漫步于寺沟川中，仰望星空，凝视明月，人与自然相亲，不必一定要久居于宁静的山野，优雅的园林，只要有一颗热爱大自然的心灵，人心天然应该与自然相通、相融。欣赏大自然就是生活的重要部分。背上行囊，越数重山，两河交汇之处自有水声，树荫里自有鸟鸣，水穷处更有几片云起。纵情于山水之间，感受心灵与自然的贴近，鸟舒双翅，鱼翔水底，在不经意间，走过了秦、汉、唐、宋、直至明清，这就是北石窟寺的美，这就是历代文人骚客走进北石窟寺所感受到的震撼和闲适。

信仰与功利的联姻

唐朝以后，在过去深刻积淀的基础上又有了新的开拓和超越，将中国石窟造像的民族化和世俗化推向了最高峰，不管是佛像还是菩萨等，已经完完全全中国化、世俗化了。

庙会，是集宗教祭祀、商贸服务、文化游乐于一体，老幼皆喜参与的集会活动。作为一种重要的民俗文化现象，它的历史源远流长，影响深远，分布广泛，名目也很繁多。庙会祭礼融合其他思想意识和外来宗教的信仰，形成一种丰富而复杂的意识混合体。所以，寺庙所在地就逐步形成了庙会。在中国古代，从帝王京城到深山老林，从繁华都市到穷乡僻壤，庙会无处不有、无处不在。

过庙会历来是北石窟寺最为繁华热闹的场景。覆钟山石窟寺庙会最早记载见 1094 年《原州彭阳县石窟寺盂兰会记》(图 6–2)，七月十四日，石窟寺住持僧德宣邀请彭阳县令高舜俞光临翌日的盂兰会，说每逢中元节，寺院附近十社民众来此建盂兰道场，“设千佛之供，作乐大会，四方来者不啻百千众，均施笋脯之饭，以广善因”。高县令开始怀疑住持僧夸大其言，第二天早晨他带领巡检侍禁李德、监酒殿直李尧臣、主簿董宗谊前往石窟寺，看见“往来游人，其众如云，或贯鱼骈头炼香于前，或胡跪合掌作礼于后，群附迭至，果如僧言”。

图 6-2　原州彭阳县石窟寺盂兰会记碑

明朝正德元年（1506 年）正月十五日，陕西平凉府镇原县五泉里怀任村信士安泰及其妻冯氏发心重修佛灯，僧人德全、圆清、圆真、真仙与俗家信士 30 余人助缘。《重修佛灯碑记》记载了这次修缮活动，称北石窟寺为本地圣境。重修佛灯是为了迎接七月十五的盂兰大会，可见至迟在明朝中期，北石窟寺仍有举办盂兰盆会的习俗。（图 6–3）

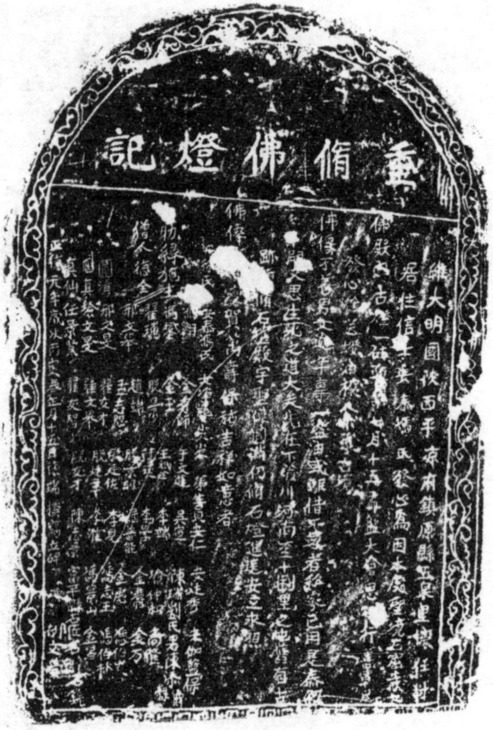

图 6-3　重修佛灯记

嘉庆二年（1797 年），远近信士捐资重修北石窟寺，从《重修石窟寺碑记》的记载看，第一，助缘之人众多，除了远近百姓外，还有四方客商如山西商人。除了个人自愿捐资外，还有许多乡镇庄社，如太平镇、董志镇、高崖子社、黄李家社、地头孙社、南庄张社、南庄李社、邢家庄、杜家庄、丰沟庄、罗家庄等。第二，这次重修活动的主持者为贾心正，除了信仰的目的之外，还带有明确的商业意图，即确定庙会，进行物资交流。“石窟寺原系古迹，历年久远,祀礼几缺。于嘉庆二年三月十五日立牲畜会,以修祀典。所收税务，一半输官，一半留为香火之资，永为定例，勒记于石，以示不刊云”。宋明时期的盂兰盆会已经被彻底遗忘，代之而起的是更加具有功利色彩的牲畜会，道教诸神如玉皇大帝、关帝、三霄娘娘，也悄然进驻北石窟寺，与如来、观音并驾齐驱，分享人间供奉。举办牲畜会的目的，一方面是满足人们的心灵慰籍和物资需求，另一方面则可以为官府增加税收，为寺院筹集香火之资（图 6–4）。

图 6-4　北石窟寺庙会

北石窟寺旅游活动

旅游活动是个人的自愿行为，是人类社会发展到一定历史阶段所产生的一种文化现象，发生和进行于具体的社会环境中。旅游者在旅游过程中要同社会环境中的诸多方面发生联系，社会环境中的各种现象都会不同程度地表现于旅游者的旅游活动中。旅游活动的性质便成为社会环境中多种现象的综合反映，而旅游者的旅游行为也会对旅游目的地产生一定程度的影响。纵观北石窟寺的游人题记，可以看出，人们的旅游目的各不相同，出游动机类型多样，旅游方式有多种选择，活动内容也丰富多彩。

心灵圆梦

石窟是为了信徒们礼佛、赞佛而出现和存在的，用于佛事能够取得良好的效应，特别是能增强事佛者的信念，满足众生的精神需要，“古佛、菩萨阅尽人间沧桑，而一代代的礼佛者络绎不绝于漫漫旅途上，风尘仆仆，前仆后继，他们追问的是生命的终极价值、宇宙的奥秘、佛国的极乐，也许他们不想去驱散——也无法驱散笼罩在人类生命中千百年的形而上的宗教迷雾，因为只有那里，他们才有可能品味与分享佛教美感的魅力与审美情韵，达到精神上的极大快慰”①。石窟中的朝拜与祈祷仪式是对佛的敬重和朝拜，也是对今生来世福祉的强烈诉求。北朝时期是信仰佛教的狂热阶段，前来北石窟寺的大多是虔诚的佛教信徒。我们虽然找不到关于北朝北石窟寺的文献资料，但从一排排拱手而立的供养人的浮雕中还是能够看出一些端倪的。这些谦卑的供养人形象渺小，面目千篇不一律，模糊不清，但能够与仰慕的佛同处一块石壁，随时感受佛祖的威严，也是莫大的荣耀和慰藉。这时正值西域佛教文化大量东传，北石窟寺处于丝绸之路的东段要道上，许多中外信徒都会在此礼佛观像的。唐朝的几条发愿文明确无误地告诉我们：许多俗家信徒也是游客来寺中的目的，敬造并膜拜阿弥陀佛，以求得死后能进入西方极乐世界。在他们身上，信仰的目的大于游览观光。如丰义县令杨元裕、

---

①徐恩存：《中国石窟》，浙江人民出版社 1996 年版，第 262 页。

清信女杨大娘以及花鸨崖三窟中的“天宝元年……赵和僧一心供养”等。此后的漫长岁月里，又有无数的信男善女来此烧香拜佛，祈求平安，如第 132 龛内北侧阴刻“嘉庆七年十月十七日三人在石窟寺帮工了三天”。寻找精神慰藉。宗教使人得到安慰，因为它能形成信仰，在这些信仰中包含一些人生现实问题，和冲突的错误的和虚幻的思想和观念。佛教中的因果报应（超自然规则）论和涅槃论起着互补的作用。按因果报应论，生灵转世决定于它在尘世的行为；而涅槃论是关于人超脱转世□诸苦的一种最高境界的学说。信徒们身入北石窟佳境，眼观四壁的佛陀及极乐世界的图景，难免产生神与物游、心与境合的美妙的宗教体验。

人生省察

生命是石窟反复表达的内容，并从生死两个极端展开。佛与菩萨的造型以慈悲宽容为基调，充满健康向上的气息，使人产生亲切感和依偎感，有助于调动观瞻者的信心和勇气。唐代的几篇发愿文，表达了发愿人真诚的宗教情感，以及通过发心供养来获得佛陀的安慰与救助的愿望。

石窟是中国文化的一道风景，许多人都常常出入石窟。在北石窟寺还能见到几条唐朝游人的题记，如第 40 窟正壁南侧墨书“贞元十三年三月十五日……”；第 135 窟正壁佛背光南侧墨书“蔺□题□因使□义……大和□年二月十五日□□高宗□鹰门斛准人□贰人李重建□□……巧琢瓅岩不计年巍峨……□元年二月□□长武客王君飒题口”。从这条题记可以看出，写题记的人并没有流露出强烈拜佛倾向，而是以有限的口气记述自己的游览经历。

宋金时期，北石窟寺逐渐失去了唐朝时期的辉煌，人们对宗教的痴迷已经大为减少，发愿造像的信徒不多，凿窟造像艺术衰落。北石窟寺的信仰功能较唐朝已有所削弱，主要成为士大夫游览、会友和附近黎民百姓集会以及开展各种民俗活动的场所。北石窟寺宋金碑铭和题记的一些材料折射出这一历史时期的文化风貌和特定民族关系。游人走进北石窟寺，还可以进行历史的移情式领悟，即忘却现实烦恼，在心理上进行历史巡游。

会友联谊

历史上的许多地方官到过北石窟寺，如唐朝丰义县令杨元裕、北宋彭阳县令高舜俞、邑令高道华、邑宰郑耆老、郡倅钱坚、县尉元沣，后来担任庆阳知府的宋万年等。由于他们多数不是虔诚的信徒，所以佛教的变故并不影响他们的游兴。宋徽宗信奉道教，政和元年曾经下令烧毁佛经，宣和元年下诏改佛为大觉金仙，菩萨为仙人大士，僧为德士，尼为女德士，意在使佛教从道教之风。在这样的情况下，游人仍然不断，题记频频出现。大多数题记的作者都署上自己和同游的朋友们的姓名、郡望及官衔。

《文字形义学概论》中说 :“旅行犹侣行，谓结侣而走也。”宋金时期游人到北石窟寺游览，往往是结伴而行。有的举家前来，如第 165 窟北侧阴刻“皇统甲子中社日郑彭寿携家来游，常皋赵正卿与焉。男彦申、彦平、彦文、彦岭、甥邦彦、时彦、侍海凝、海端同至”。有的是与朋友或僚属同来，如彭阳县令高舜俞率众僚属观稼时顺便造访石窟，另如“蒙勉功王持正周伯容赵蓬老以阜昌乙卯孟夏初九日，同游萍客宗林刊”。在此与好友不期而遇，也是常有的事，如第 37 窟南壁内侧阴刻“邑宰原武郑耆老拉颍川赵直孺联辔观稼于石窟，邂逅武威安敦仁，遂成小酌，颇有清逸之兴，命笔以记岁月，男彦申侍行”，“成景光邂逅庆宁寺□师时大观庚寅（1110 年）五月”。可见宋金时期的北石窟寺是朋友交谊的重要场所。值得注意的是，许多游客不止一次到北石窟寺游览和会友，如赵蓬老于 1128 年与宋万年等聚饮后，又于 1135 年孟夏初九与蒙勉功等同游；李震在宣和甲辰（1124 年）首夏二日与弟弟同游后，又于建炎三年（1129 年）与索安、王舜臣游石窟礼大像；北石窟寺有郑耆老于壬戌岁（1142 年）中秋廿七日与儿子彦申同游和郑彭寿皇统甲子（1144 年）与子彦申兄弟以及诸外甥来游的两条题记，从出游的时间及与随行者的关系、古人名与字的关联性来分析，我们可以推断出，郑耆老即郑彭寿。

元朝统治者的佛教政策客观上促进了北石窟寺的发展，使这里的佛事活动能够顺利进行。

佛氏闻吾萧寺逝，云飙豫追云万收。
岚戏翠黛逸轩出，水弄丝桐绕寺流。
□□□谈□□定，奇观未厌客□□。
□东明日还停轫，却上峰头放眼眸。

节庆云集

佛教在东传过程中，为了自身的存在和发展，不得不与当地的文化传统和审美习惯相结合。从各个时代的众多题记所反映出的情况看，游客来到北石窟寺礼佛和旅游大体上有这样一些特征：

第一，节气日和传统节日里来的人较多。

我国古代历法根据太阳在黄道上的位置，把一年划分为二十四节气。二十四节气表是农事季节的重要依据，是我国农历的突出特点。陇东地区历史上以发展农业为主，特别重视节气的变化，往往选择节气日里出游，如：寒食、清明、中元、中秋等。

春龙节　又称老龙抬头节，民间俗语“二月二，龙抬头”。在这一天，人们在门上悬挂桃木剑辟邪，有人还会举家外出游览。第 165 窟门内南侧阴刻“东沂新太主洙道源重和二年二月二日携家游此，男汝翊汝贤侍行”。

寒食　第 165 窟门内南侧阴刻“宣和五年寒食日彦远德夫冲之功同至”。

清明　第 165 窟门外南侧阴刻“崇宁二年二月念三日清明邑令高道华携家游此敬礼如来抵暮还邑男寿翁侍行”。

佛诞节　据说释迦牟尼出生在四月初八日，所以这一天被汉地佛教定为佛诞节。在佛诞节里，各寺院要举行“浴佛法会”，就是在大殿用一水盆供养太子像，全寺僧侣以及信徒要以香汤沐浴太子像，作为佛陀诞生的纪念。如：第 85 窟南壁墨书“丙申四月初八日□□□□到此寺院住二宿”，第262窟内南壁西侧墨书“隆庆六年四月初八日舍身施主王”。寺内也为佛诞节做准备，第165窟内东壁墨书“至正元年四月七日……直行大师讲经沙门义融”。

第二，每月的十五日前后来的人较为集中。佛教的许多清规都以十五日作为终始点，如四月十五为结夏日，十月十五到次年的正月十五为结冬，每年的十月十五日“贴单”（公布寺院僧众的职务以及常住僧众的名单）。

正月十五　165窟门外北侧石门框上阴刻“正德元年正月十五日镇原县五泉里发心重修佛灯施主安泰同室人冯氏”；第162窟南壁墨书“乾隆十八年正月十四日弟子三千……”。

二月十五　二月十五日是佛教的涅槃节，在这一节日里，各寺院都要举行佛涅槃会，张挂释迦牟尼图像，诵《遗教经》。北石窟寺第135窟正壁佛背光南侧墨书“大和□年二月十五日□□高宗□鹰门斛准人口贰人李重建□□……”。

三月十五　165窟内南壁墨书“大明正德□□年春三月十五日城里部运□□宋器到此同彭阳……”。第240窟门南侧墨书“嘉靖元年三月十五日大会会议陕……”。三月十五是北石窟寺比较热闹的一天，嘉庆二年三月十五日，近寺百姓共立《重修石窟寺碑记》一通，确定每年三月十五日在北石窟寺附近立牲畜会，进行民间庙会活动。

四月十五　第257窟窟门南壁墨书“泰定四年四月十五日记”。

七月十五　七月十五是佛教盂兰盆会，又是道教的中元节，在这个双重节日前后，前来观光、礼佛的人最多。第165窟内的《原州彭阳县盂兰盆会记》中记述“四方来者，不止百千众……往来游人，其众如云。或贯鱼骈头，炼香于前，或胡跪合掌作礼于后”。窟内象头上墨书信士段贤濬“乙丑年七月十四日早到虔心奉礼祈诰”。北壁墨书“万历五年七月十六日肖眷赵子适过此……”。民国八年（1919年）七月十四日，泾川人赵义忠也曾经在北石窟寺盘桓。

八月十五　八月十五日是中秋节，是中华民族重要的传统节日，北石窟寺僧众也在这个节日里举行法会。元朝延祐七年仲秋，沙门义融组织远近众僧焚香发愿，重续后嗣十辈法号。

北石窟寺诗情

日本学者三木清认为，旅行甚至可以说是人生的乌托邦，旅途中产生的解放乃至逃脱的感情，总是与人的漂泊之感有关。因此，在旅途中既产生兴奋，又滋生伤感。在历代游人游历或客居北石窟寺期间，由于境遇不同，对于同样景物或同类景物，其笔触则大为不同，使众多的北石窟寺诗作构成不同的画面和不同的气氛。

淡泊者的歆羡

由于宋朝社会经济的发展，加之统治者推行优待士人的政策，为士大夫寄情山水、寻佛问道的优游活动提供了客观前提。他们将自然视为自己的精神栖息所，他们歌颂自然，从自然中寻求精神归宿，藉以拓展感性生命，获得人生的颖悟慧心，使人的心灵在与山水的契合中得到无限的伸展。青山绿水、朝霞夕阳、春气秋声所带来的变化多端的魅力，使寄情山水、物我相通的古人产生深切的共鸣，感到心旷神怡。游人们不惜笔墨描绘北石窟的景致：

春天，但见“群山铺翠，万花争红，幽禽发声，清泉泻韵，山间佳趣，斯尽之矣”，如此山水美景，引发了游人的诗兴，挥笔题诗“以为异日之记”：

水云深处藏何寺，石窟径纵几世传。

我苦劫成名利役，暂游真境欲意鉴。

这些饱含禅趣的诗作与苏东坡《跋李端叔诗卷》中“暂将好诗消永夜，每逢佳句辄参禅”有异曲同工之妙，准确地反映出了宋代文人“寄至味于淡泊”的心境和意趣，说明在礼拜佛祖或观赏石窟及周围山水时，精神上得到一时的宁静，“礼拜或祈祷，从其心理功能的角度看，乃是一种排解人们心中积郁的消极体验的特殊方法和手段。教徒诉之于神，希望它能救苦救难，灭病消灾，满足他们的祈祷和愿望。正因为他们相信神的现实性和神的万能，所以祈祷使他们在心理上感到轻松和慰藉。这就是宗教净化的社会一心理机制”。[①]在古朴的石窟寺中，游人在参禅礼佛后，心情舒坦，可以登楼远眺，以磊落的胸襟，释解了现实生活中的失落感，顺应自然的精神得到真正的实现，从自然中寻找到真正的人生乐趣，从而达到返朴归真的境界。

士人个体意识的觉醒使他们的精神世界能够吸纳更多的审美对象，山水自然向他们展开了更丰富的价值维度。人们在社会中不能实现自身价值，或对社会价值系统产生拒斥心理，就会自然而然到山水林泽中寻求精神寄托了。自然万象的丰富意蕴给古人提供了充分的想象余地和多侧面的生命体验，人文精神的巨大张力使古人能够借助近观远眺来表述体验，从而使物态人情化，人情物态化。秀丽的景观在古人眼中的形象，让人看到了自然山水的雄伟壮阔和千对仙人越然物外栖隐山林的描写，实际上表现了人们不满于社会离乱的现状，渴望在天界（自然界）得到精神自由。诗赋中的仙境是古人在身处困厄精神苦闷的情况下创造的一种精神家园，以此超脱世俗的压迫，在心灵上获得暂时的宁静和愉悦。如果说隐遁自然是古代士人轻举远游摆脱生活挤压的途径，那么漫游深山大寺就是他们精心营造的超脱苦难的精神港湾。

石佛古洞几千秋，景物非凡在此留。

鸟舒双翅树间语，鱼显五色水内游。

---

①［苏联］德·莫·乌格里诺维奇：《宗教心理学》，社会科学文献出版社1989年版，第119页。

“游”的本义是熟习水性的人在水中的自由活动，其本身就蕴涵着顺应自然，适意而行的意思。高明的教师往往把学生带进自然环境，与学生共同体悟造化之精妙和人生学问的真谛。自然对象之所以美，是因为对象的一些特点与人类的精神品质有相通之处，人在观照自然时以己度物，引发出特定的联想，将山水性情与人类心灵贯通起来，使自然山水具有更加丰富的意蕴。人不仅从自然物中获得审美愉悦，而且能通过观物感化和提升自己。清朝道光年间，一位学究把学生带到北石窟寺一带，观赏蒲河和茹河的雪景，使学生从自然的造化和前人辉煌的创造物中领略大化运演和古老的文明：

雨水藻涸台道通，苍茫古峤淡烟笼。
天开洞壑劳神斧，地露原补化工论。
学者来给白雪课，徒今幸锁春风明。
分明一副银河画，倚寺歌吟入筒中。

古代士人注重经世进取，这种入世精神有时也会带来许多负面的影响。繁杂的事务就像抽打陀螺的鞭子，令人身不由己地旋转，旋转得身不由己，不断膨胀出名望欲、财富欲、荣辱感和贪婪、紧张、焦虑等消极情绪。医治这些消极因素的影响，进行心理和言行的调适固然是必不可少的，而走进大自然宽阔的怀抱中，接受自然的精神抚慰，使精神得到净化和升华，也是一条重要的途径。明代倪允昌《光明藏》中讲：“听瀑布，可涤蒙气；听松风，可豁烦襟；听檐雨，可止劳虑；听鸟离，可息机营；听琴弦，可消躁念；听晨钟，可醒溃肠。”在对自然美的观赏和聆听中使躁动的心得到宁静，并且证悟人生的真谛，从而使人的精神得到洗礼。

灵宇不名匠氏镌，谅有神斧稽何经。

劈开太古崭岩石，现出未来兜率天。

白马输如驮见叶，青蓬□若礼金仙。

个中谁解维摩诘，唤取惺惺一问禅。

自然万物生机盎然色彩斑斓，从中参悟天地之辙迹，感受人生之真意，是古人洞悉自然与人生的一种韵致，许多人走马观花把景物仅仅当作一种自然物看，而善于观景的人则从自然的运演辨析中将观景与悟道相联系：游人们放下现实生活中的喜乐忧患，走进北石窟寺，登上佛阁放眼远眺，只见“暮雨初收，蒲川上草色连云，济花稀□□潇洒，景正当愁，思更□□”。乡思国愁一齐涌上心头。人们礼佛的同时，也顺便欣赏前人题记，禁不住产生前不见古人，后不见来者的喟叹：“观赏前人题识，叹相远□数百年后，观此者当如中，可胜叹耶！”游人们走进石窟，很容易将历史的沧桑与人生的遭逢联系起来：“自解职彭阳，俄复四载，光阴易得，益使人兴叹，因笔以书。”

随着精神领域中老庄之风盛行和人的主体意识的觉醒，人们将山水之美作为审美对象，进入了“畅神”的境界。士人们酷爱山川自然之美，注意秀丽的山水对于陶冶情操、激发灵感的作用。徜徉于青山绿水之间的意趣，体现了人对自然充盈的爱意。

明朝万历五年七月十六日，在刚过了盂兰盆会之后，赵子适来到北石窟寺观光，偏巧碰上一场大雨，他被困在寺中。但游览正浓的赵子适并没有因此而感到扫兴，他登上佛阁，放眼远眺，但见雨中的蒲河川风光旖旎，山清水秀，杨柳随风摇曳，蒲河与茹河的交汇处水雾蒙蒙，身后的覆钟山经过雨水的冲刷显得更加巍峨坚挺，青峰入户，翠柳悬岩，禁不住诗兴大发，写下了一首五言律诗：

巍峨石山寺，奇工信非人。
昔年遥寂帐，今日得登临。
翠柳悬岩持，青峰入户亲。
慈来忽阴雨，大故索乎吟。

韩婴说："山者万物之所瞻仰也，草木生焉，万物殖焉，飞鸟集焉，走兽休焉，吐生万物而不私焉。出云导风，天地以成，国家以宁，此仁者所以乐山。"欧阳修在《醉翁亭记》中说："醉翁之意不在酒，在乎山水之间也"，则更倾向于追求一种高洁的精神。赵子适雨中游寺观山，细雨湿流光，青峰翠柳成为人生的参照。

饥馑中的倾诉

历代饥馑，北石窟寺周边地区也不能幸免，"十九年夏，山地禾苗被黄鼠食拽殆尽"[①]。第165窟北边墨书题记："时逢已巳亢（天）旱极，众社焚香祈祷雨，上天若知诚信意，助降甘霖保群民。

①慕寿祺：《重修镇原县志》，镇原县人民政府办公室2005年印，第806页。

大中华民国十八年四月己巳朔二日记”[①]。在北石窟寺祈雨的行为至少可以追溯到明朝，嘉靖三十三年（1554年）所立《观音圣湫祈雨感应碑记》记载了祈雨得雨的神奇状况。可是民国十八年的祈雨活动就没有那么好的运气。

就在闹饥荒期间，前清儒学生员金文江越过蒲河，走进北石窟寺。这时的北石窟寺早已破落不堪，成了各地难民躲避天灾的“乐园”。金文江睹物感伤，写下了几首七绝：

戊辰已巳人不忙，大劫造定莫躲藏。
富家易积金斤两，贫者难余酒一觞。

遥瞻古寺石崖边，其迹历数千万年。
殿阁巍峨当凤岭，院宇辉煌有龙泉。

国乱年荒不必提，人皆每日望云霓。
无限蹂躏谁堪解，逃过此劫有天梯。

石佛古洞几千秋，景物非凡在此留，
鸟舒双翅树间语，鱼显五色水内游。

①詹社红、米万钟：《北石窟寺历代题记辑录》，《敦煌研究》2013年第4期，第51页。

兵旱劫数贫富遭，回心向善方可逃。

二年未降甘霖雨，饮有菜羹食无粮。

金文江字子清，寺沟川人，其家与北石窟寺隔蒲河相望。戊辰年是 1928 年，己巳年是 1929 年，“大劫”指的是罕见的旱灾，即民国十八年大饥荒。金文江在大难之后来到北石窟寺，遥想当年石窟景物非凡，而当时则是国乱年荒、兵旱劫数连连，感到非常绝望，欲远离无限蹂躏，寻找天梯即躲避灾难的路径。北宋绍圣元年（1094 年）《原州彭阳县石窟寺盂兰盆会记》记载，“每岁中元，近寺十社，建盂兰道场，设千佛之供，作乐大会。四方来者，不啻百千众，均施笣脯之饭，以广善因”[①]。金文江到来的时间是瓜月望日（七月十五日），是佛教的盂兰盆节，可是他没有看到一点节日的气氛。虽然鸟舒双翅，鱼显五色，人气却很不旺，靠菜羹度饥荒的人们只盼着旱灾的“无限蹂躏”赶快过去。

徘徊在北石窟寺院落，一切苦难、一切欢乐，一切沉默和喧嚣，都在金文江的诗句中被激活，枯萎的小草，沉静的石头，飘荡的白云，奔散的河水，一切生命和虚妄，都进入金文江的眼中。在金文江求佛的背后，也包含着对佛法无边的怀疑，希望佛能够改变与人们利益不一致的天灾人祸。

---

①甘肃北石窟寺文物保护研究所编著：《庆阳北石窟寺内容总录》，文物出版社 2013 年版，第 292 页。

羁旅者的惆怅

羁旅诗又称为记行诗、行旅诗，是指因各种原因离开家园，用诗歌的形式反映客居异乡的艰难、漂泊无定的辛苦并引发对亲人的思念，对故乡的思归，对自我人生如寄处境的感慨等内容的诗歌。每个人都有自己的故乡，一旦离开，无论天涯海角，无论世事沧桑，无论显达穷厄，乡愁都会始终伴随。羁旅诗表达的感情主要有客居他乡的艰难，漂泊无定的羁旅之苦，对家乡亲人的思念，怀才不遇、报国无门的幽愤之情以及对安定幸福生活的向往等等，由于这些感情是亘古相通的，几多惆怅和一抹乡愁，容易引起共鸣，所以羁旅诗大多浅显易懂。

民国八年（1919 年）七月至八月，泾川苏家塬人赵义忠（字静宣）在北石窟寺一带盘桓月余，留下许多充满凄楚和怨愤之情的打油诗。

这些简陋的诗作中，有中秋佳节对家人的思念（“佛殿廟内望河川，何時回家得安然，一日功满回家转，立在堂前问母安”），对运交华盖的哀怨（“为人在世休怨愁？万般由命不由人，若还由命不由人，谁为豪富谁为民”），对囊中羞涩的无奈（“我问君子哪里去？手中无钱到处难”）和自嘲（“君子无钱把头低，凤凰落架不如鸡”），对善恶报应的期许（“善恶到头终有报，不知来早与来迟”），心中的那一份乡愁和苦情，都融入诗句中。赵义忠为何抛家弃子来到北石窟寺？是为了避仇？为了躲债？还是迫于生计？

留下的六条墨书题记中没有提及，因此我们不得而知。一个月之间（闰七月十四日至八月十五日）反复在北石窟寺多个窟龛（第70窟、第165窟、第222窟、第240窟）题诗抒愤，这在北石窟寺还非常少见。落魄之人赵义忠的打油诗谋篇随意，语句粗糙，意境浮浅，显得心浮气躁，没有宋元时期北石窟寺题诗的悠哉闲适，但却是真情的自然流露，也是民国初年社会动荡、民不聊生的真实写照。无论是赵义忠所希冀的善恶有报，还是金文江所期盼的躲避劫难的天梯，都是无助者对佛和菩萨的哀求。

蔑佛者的讽喻

古人说："诗有二义，或寄托于景物，或寄情于讽喻，各有指归。"在北石窟寺一千多年的历史中，前来游览的人难以胜计，但并不是所有的游客都是带着对无量佛法的企羡来观相礼佛的，也有许多人带着挑剔和批判的眼光走进北石窟寺，对石雕彩塑的佛像和那些家境不好却不惜舍财奉佛的信徒感到不可思议。北宋绍圣年间的彭阳县令高舜俞目睹盂兰盆会热闹非凡的场面后，并没有改变他对佛教的不解，他应寺主的要求题写了碑文，但在文中直言不讳地表明自己的态度："噫！愚夫愚妇，昼茅霄掏，终岁勤动，衣有不蔽其身，粟有不充其肠，官逋省负，匿名潜迹，以刑绳之不能。遂集至，聚财喜舍，不戒而乐从者，不可胜计。岂人情好行于自然，而恶人之强率欤？抑幻化之理入人也深，而沉迷之性不复反欤？是皆不可质其彼识而然也。因即其事，以警其所响云。”山西朔州人训导郝希径也在诗中批评说：

异状异形谁作俑，无君无父妄谈禅。

芘刍叨占云栖岩，石窟徒劳新雕镌。

令人感到惊讶的是，这首对佛教充满了大不敬的诗竟然被北石窟寺长久保留下来，历代僧人并没有因其反佛倾向而将之从碑刻上磨去，由此也可以看出佛教的宽容性和慈悲为怀的精神。这一点正是北石窟寺能够吸引各个时期不同思想倾向的游客驻足的原因。

清代诗人尚镕写道：“天下好山水，必有楼台收。山水与楼台，又须文字留。”1934 年 6 月，国民党甘肃省政府通令全省各县实行保甲制度，限令 1935 年底完成。邹介民到任后，亲自到各乡镇实地调查，向民众宣传。经过半年的努力，于 1935 年 6 月完成对镇原县的户口清查和编组保甲，查得全县共 21552 户，计 151118 口，编为 3 个区，44 个联保，209 保，2088 甲。这次清查是为了加强民众自卫，因此对公共场所和寺庙也进行清查，核定全县有公共处所 64 处，寺庙 330 处，北石窟寺就是其中的一处。户籍员镜庭奉命到北石窟寺清查，在原 165 窟的门后（现戏楼门后）留下墨书题记：

余查户口到此间，进了庙门仔细观。

上面坐的石佛爷，下面古碑万代传。

这首小诗对石佛不太恭敬，颇具戏谑味。户籍员镜庭所清查的人口，可能也包括北石窟寺诸洞窟中的流民，因此，这首诙谐小诗可作为邹介民任县长时施行的民政与军政措施的重要旁证。

当代人的行吟

在现代文明挤压传统的当代，很多人进行短暂的自我放逐，逃离围城，走进古老的寺沟川，寻找心灵的故乡。见证了悲欢离合和喜怒哀乐，见证了辉煌灿烂和沧海桑田，覆钟山如同眼下蒲、茹两河，一如既往向东流。逐渐清晰的艺术灵感来源于自然和环境。杨潇撰歌词《覆钟山》以颂：

神奇美丽的覆钟山，
镌刻了千年膜拜的容颜。
古老传说如缕如烟，
固守着不变的宝相庄严。
石道坡的车辙看惯了沧桑变迁，
五泉胜景恍如昨天。
蒲河水啊一路流向天边，
是谁把慈悲洒向人间……
啊……覆钟山啊，
生命的灯盏布满了山崖，
你的坚守总是让人潸然泪下。
啊……覆钟山啊，
万丈红尘坑坑又洼洼，
只盼拈花微笑最美的牵挂。

神奇美丽的覆钟山，
诉说着当年虔诚的眷恋。
汉唐雄风千载流传，
曾经的相遇已悄悄走远。
石道坡的车辙演绎着岁月斑斓，
反弹琵琶天籁重现。
飞天的舞姿啊如梦如幻，
是谁把幸福默默期盼……
啊……覆钟山啊，
生命的灯盏布满了山崖，
你的坚守总是让人潸然泪下。
啊……覆钟山啊，
万丈红尘风吹又雨打，
只盼早日回到心灵的家。

身在北石窟寺，即处于庆阳传统文化的最深处，当代行吟者自身文化背景与本土元素的交融，产生了巨大的艺术感染力。海德格尔引用荷尔德林的诗句说：人诗意地栖居，而在谈及艺术与存在时则认为人类一直“在路上”，无需留恋过去，也不用惧怕未来。

七

倾听北石窟寺

佛经的开篇，往往这样说：如是我闻……。闻，既是佛开坛说法的引子，也是解救世间苦难的起点。人们非常熟悉的观音菩萨，就有“观其音声”的含义，世人在苦难时发出呼叫声，观音闻其呼声，即可深受施救。阿弥陀佛信仰也注重闻，信徒平生无数次口唱“阿弥陀佛”，被阿弥陀佛熟听，临终时就可以被接引到净土世界。

听觉是人类的重要官能，耳聪目明，方称聪明。北石窟寺在位神构筑居所的同时，也为信仰者提供了一个修行或朝拜的场所，为游览者提供了遨游历史思接千载的窗口。进入古老的北石窟寺，不仅要用眼观瞻，用脑思维，还要用耳朵和心灵去倾听，去感悟。

倾听造化与人工

石窟艺术，是一个完整的而且也是特殊的文化形式。北石窟寺一千五百年的历史，不仅是一部造像和补葺的历史，一部观佛拜佛的历史，也是一部倾听的历史。倾听朝诵晚唱，倾听暮鼓晨钟，倾听山雨鸟语。

首先听到的是自然的音响，鸟儿在树上鸣唱，河水淙淙而过。如果展开历史联想的翅膀，还能听到二十万年前寺沟口人打制旧石器的声音，一千多年前丝绸之路古道上驼铃的悠悠响声，石窟中发愿人如泣如诉的祈祷声，盂兰盆会上人潮涌动声。

也许在数字化的时代，我们经受工具主义的洗礼，已经被数据迷信所淹埋，不具备一双发现美景的眼睛，那好，看景不如听景，听一听古人是怎样描绘的。北宋游客由衷地赞叹："此时群山铺翠，万花争红，幽禽发声，清泉泻韵，山间佳趣，斯尽之矣；……窟宅广深高大，凿之者其神欤？"乾隆年间《重修石窟寺诸神庙碑记》说："其泉石清幽，境况奇幻，龛像宏壮，阁楼严峻，似有非人力所为者"。

倾听北石窟故事

北石窟故事是漫长岁月中对北石窟寺历史与文化的一种记忆行为，通过多样故事，记忆和传播着一定社会的文化传统和价值观念，引导着社会性格的形成。倾听北石窟故事，会听到艺术创造的艰辛与卓越，佛国世界的曼妙，以及文化坚守的可敬。

明窗的凿声

北石窟寺的 308 个窟龛中，确知时间最早的是第 165 窟。永平二年（509 年）正月，泾州发生了僧人刘慧汪领导的反魏起义，宣武帝诏令华州刺史奚康生前往讨伐。按照一般的开窟程序，大型窟的雕凿先从明窗开始，从明窗逐步进入窟内，然后从上向下排石。

因此，第 165 窟明窗的第一响凿子撞击声，不仅为该窟的开凿拉开了序幕，也为整个北石窟寺的开窟造像活动敲响了集结声。

佛国的美音

古印度是个故事王国，通过故事讲述佛理，是佛教传播的一种重要方式。释迦牟尼擅长辞令，善于巧妙地应用民间的故事作譬喻，以说明佛法和教义。佛教故事的大量传播，更强化了其宣传效果。在北石窟寺诸多窟龛中，保留了大量的佛本生故事、佛传故事和因缘故事，虽然内容不尽相同，但我们用心聆听，会听到一个共同的声音：慈悲和宽容。

不要以为佛国都是一些冰冷的面孔，不要以为佛国总是寂寞沉闷的，在这个虚拟的世界，声音是须臾不可或缺的。进入石窟，与其说是观瞻佛像，不如说是要倾心聆听佛音。举凡佛传中太子降生、逾城出家，佛陀说法等不同场合，都有歌舞相伴。依照不同的情节，天人及天众、天部，都会在天空中歌舞供养，散花祝愿。

在第 165 窟和楼底村 1 号窟广阔的空间，众多的造像构成了完整的佛国世界。第 165 窟除了主要造像外，四壁及窟顶遍布浮雕佛传及佛本生故事，如宫中伎乐、割肉贸鸽、莲花化生、猕猴献宝等，与这些故事相伴随的，是众多载歌载舞的飞天。楼底村 1 号窟思惟菩萨的上部，也有两个凌空的飞天。

鸠摩罗什翻译的《大庄严论经》卷十二《尸毗王舍身救鸽》中说，尸毗王毅然割下身上的肉来换取鸽子的生命，感动了众神，一时间“天人音乐等，一切皆作唱”，“虚空诸天女，散花满地中”，“诸胜乾达婆，歌颂作音乐，美音轻重声”。仰视那些舞姿曼妙的飞天和伎乐人，我们仿佛可以听到绕梁余音。

众生的祈祷

第 165 窟西壁乘象菩萨头顶墨书题记，“平凉府镇原县在城里中街居住信士段贤濬为悟赖打死人命，含冤□□乙丑年七月十四日早到，虔心奉礼，祈诰万岁，我万万佛吾是戊子年壬戌月己卯庚午时唯有孛星打绞可出处之保佑，吉祥如意”。住在镇原县城中街的佛教信徒段贤濬因为无赖打死亲属或朋友，无处伸冤，于是在盂兰盆节的前一天早早到达北石窟寺，祈求佛祖保佑。从中我们能感受到民间的苦难。第 262 窟内南壁西侧墨书题记“隆庆六年四月初八日，舍身施主王……”。佛教徒为宣扬佛法，或为布施寺院，自作苦行，谓之“舍身”。《大智度论》卷十称，布施财物只是外布施，而舍身才是内布施。佛教中有舍身饲虎的故事，历史上又有梁武帝三次舍身同泰寺，隆庆六年（1572 年），一位名字不详的王姓施主来到北石窟寺舍身，显然与上述情况不同，因为这时早已不是佛教信仰狂热的时代，他的舍身未必是信仰的虔诚，很有可能是祛病或还原，其中也许掩藏着一段辛酸和无奈。

寄宿者的倾听

倾听是被现代社会所忽略，急需要拾回的东西。从题记所反映的情况看，当时北石窟寺不仅佛事很兴旺，而且其寺院规模应当很大，可以接纳游方僧人或俗家信徒前来礼佛和暂居，如第 85 窟南壁墨书“……到此寺院住二宿”，第 40 窟内正壁佛龛内墨书“京兆□式民瞻干过比（此）投宿是寺”。一些游人可以在此住宿，以享受远距闹市的静谧，观赏山中明月，聆听寺院的暮鼓晨钟，“寺静惟问钟鼓响，音停始觉星斗移”，以求得心灵的片刻宁静。

蒙古统治集团的民族歧视和轻视知识分子的国策，使许多士人感到在政治上没有出路，因而也纵情于山水寺观之间，享受大自然，追寻宁静。至元六年十二月初一日，有位游客走进了北石窟寺。此时正值隆冬季节，在远离尘世的寺院很快入眠，做完功课的山僧来访平添了山居生活的情趣，于是即兴写下一首小诗：

床头针定溪边石，井底无鱼竹底游。

宿客来眠过半夜，忽闻山僧到来居。

蕴含其内的平和、沉静、散淡、从容，会像一帘春雨，点点滴滴地浸落到人们多少都有一点，或者已经干涸的心田中，使它变得丰润、熨帖起来。清人王永彬在《围炉夜话》中说：“观朱霞，悟其绚丽；观白云，悟其卷舒；观山岳，悟其灵奇；观河海，悟其浩瀚。”体悟自然即参悟人生，通过对自然万象的读解，能感受到人生的短暂，个人的渺小，从而不再执迷于琐屑的得失，以一种豁达的胸怀去拥抱生活。古人提出“师造化”、“法自然”，就是怀着一颗敏感的心灵和对自然的虔敬走进大自然，去领悟自然万象，从中得到教益。自然万象总是向人发送着至真、至善、至美的信息，只有从熏心的利欲中暂时抽出身来，飘然进入千年古寺，虔诚地面对古佛，面对碧水青山，进行纯朴和富有灵性的亲和交融，才能领悟古老文化的真谛。

怒闻贪欲者的肆虐

佛教认为,“五苦”的最后一苦为“五取蕴苦”。蕴是聚集的意思,而“取”是指一种固执的欲望、执着贪爱。由于贪欲作祟,人们会干出许多违背常规的行径,破坏秩序,破坏文化,甚至毁坏宝贵的文化遗产。北石窟寺不仅是佛教文化的一个部分,也是整个人类文化的组成部分,它所含有的雕塑、彩绘及各类附属物品,不仅有深厚的文化底蕴,而且有着独特的艺术风格和渊源。在北石窟寺的历史上,并不全是和谐的音调,经常会出现刺耳的杂音,听出石窟遭逢的苦难与辛酸。有的让人烦闷,有的使人耳鸣,有的令人震怒。

偷窃者的笑声

前来北石窟寺的人动机各异，有的出于信仰，有的出于好奇，有的为了消遣，有的为了发财，并非所有的人都是虔敬者。有一些人为私利所驱使，不惧神灵降灾，偷盗寺中的灯油，这种情况在明朝正德年间较为严重。虔诚的安泰对“不善男女，近年专一盗油，或虽借不还者，私家已用”而影响供佛的行为感到很恼火，也很无奈，在《重修佛灯记》中诅咒说：“若有不善男女专心盗油，永堕地狱，托生禽兽。”北石窟寺曾经有八次重修，除了自然风化等因素外，也与人为破坏有关，如为偷盗寺中器物者践踏的以及同治兵燹的蔓延。

击碎铁钟的噪声

如果说明代窃贼进窟偷油属于小偷小摸，只是对佛的不敬，那么公然毁坏世代流传法器的情节则更为严重。1958 年的“大炼钢铁”运动中，居士沟的村民越过蒲河，从残破的北石窟寺院落中找到了元代所铸铁钟、铁香炉，将他们的祖先精心铸造的、曾经唤醒无数个黎明、伴随石窟数百年的文物无情地砸碎炼铁。进入“文化大革命”时期，虽然北石窟寺已经得到有效的管理和保护，但寺沟川的喧嚣声还不时地打破千年古刹的宁静。

世代相传的铁钟和铁香炉的魅力，不仅在于它的实用性和观赏性，更在于它所反映的民族文化特性，所体现的铸造技艺。作为文物，他们具有不可再生性、不可替代性。毁掉铁钟和香炉，就是毁掉了遗产，抹掉了一段历史记忆。每念及此，总会有刺耳的击打声漂浮在耳际，震动着耳膜，使人感到隐隐作痛。

割断喉管的锯声

1993 年的暮春时节，一群不明来历的文物窃贼借着黑夜的掩护，悄悄摸进楼底村 1 号窟，将肮脏的魔手伸向中心柱南面的一个佛头，用事先准备好的锯子锯下了佛头（图 7–1）。

为了提醒人们戒恶行善，佛教虚构了十八层地狱，其中有刀锯地狱，设想欺上瞒下偷奸耍滑、骗人骗钱的人死后被小鬼扒光衣服，用绳子拴住双脚倒挂起来，嘎吱嘎吱锯成两半。可是刀锯确落在了佛的脖颈，打碎了窟内佛国世界的天籁之音，无论是并坐说法的双佛，还是漂浮在顶部的伎乐人，都会被这种粗暴的行径震动。面对这种暴行，沉稳的佛陀恐怕也只能无可奈何地说：不可说！不可说！

世界在变化，许多事情很快就会被遗忘，所谓“事如春梦了无痕”。但楼底村 1 号窟佛像所遭受的锯刑是那样的刺眼、刺耳，一直萦绕在耳际眼前。如今，丧失头颅的佛毅然结跏趺坐，脖子的锯痕非常清晰。这尊佛像已经成为一副警示牌，每次看到这个雕像，总能感觉到滴血的声音，能够听到佛陀低声的呵斥：缩回魔爪，放下屠刀！

图 7-1　被破坏的佛造像

采砂者的爆破声

北石窟寺所处的地质结构属中生代白垩纪，多由质地松软、沉积多年的黄砂岩组成。这是一种脆弱的岩石，易于雕刻，也易于遭受破坏。民国九年（1920 年），宁夏海原发生 8.5 级强烈地震，波及北石窟寺，覆钟山崖体滑坡，岩石坍塌堆积寺院，一些佛像被损坏，部分洞窟被碎石所掩埋，许多窟龛直到半个世纪以后经考古工作者的清理才重见天日，至今在墙体上仍能看到地震留下的深深裂痕。

地震属于不可抗力，瞬间发生，影响巨大，比地震更具持续破坏力的是炸石采砂。黄砂岩这种特殊地质结构，为现在的北石窟寺带来了不应有的厄运。从 1987 年开始，距离北石窟寺约 1500 米的地方零星出现了挖砂者，这种现象持续了几年。10 年之后，石窟周围出现了大规模爆破开采，北面 1000 米左右、南面不足 1000 米处、西面直线距离 500 米处都有开采点，持有合法采砂证件的人微乎其微，大部分属于非法采砂。由于年代久远风化严重，且裂隙纵横交错，不宜震动。但在采砂时村民们在距离北石窟寺不足 1500 米的地方就开始爆破取砂，就是有证件的采砂商虽然不在北石窟寺爆破，但也在北石窟寺北面的楼底村 1 号窟附近爆破取砂，楼底村 1 号窟也难逃人为带来的灾难。剧烈的声波震动，使得北石窟寺经常发生落沙现象。北石窟寺落沙记录中显示，1995 年 8 月 3 日中午 12 时 14 分，4 名游客在参观时第 165 窟突然崩塌，分化层的落沙重达 70 公斤。每一次轰然的爆炸，每一次石破天惊，都会使北石窟寺瑟瑟发抖，噤若寒蝉。

北石窟寺作为一种文化资源，与周围的环境相依为命，应当把整个寺沟川看成一个整体，不适当的开采和利用会造成经济学上所说的“公共物品悲剧”，酿成无法挽回的损失。虽然这类事件已经得到有效的制止，但是其对北石窟寺建筑所带来的危害不可低估。更重要的是，不仅要在窟区甚至更远杜绝爆破采砂行为的复燃，还要预防其他具有严重破坏力的恶劣行径发生。

关于人性的善恶，历来有不同的说法。宗密在《原人论》中说：“一切有情（众生）皆有本觉真心，无始以来常驻清净，昭昭不昧，了了常知，亦名佛性，亦名如来藏。但以妄想执着而不证得，若离妄想，一切智、自然智、无碍智即得现前。”作为佛教的代言人，古代高僧对人类充满了信心，认为只要摆脱了妄想执着的羁绊，摆脱无尽私欲的束缚，都会获得智慧和觉悟。面对利益驱动下的愚蠢行径，面对古今不和谐的音声，每一个有良知的人都有理由向禅宗警示弟子那样当头棒喝：“放下！”

倾听涅槃后的生机

文化是民族的根和魂，对于古老的文化遗产，保护是一个永恒的主题。从“发现”到保护和研究，从简单的看管到科学化管理和有序的开发利用，每一个步骤都留下了发展的轨迹，都留下了值得回味的空谷足音。

“发现”的步伐

北石窟寺最初曾是官方经营的石窟，由于兵燹和自然灾害，变得满目疮痍，在晚清民国时期淡出人们的视野。1924 年 3 月，陈万里在泾川找到了南石窟寺，他在日记中写道：“既有所谓南石窟寺，则必有一北石窟寺与之相对。”他多方询查，没有找到北石窟寺的准确方位，但他提醒“闻镇原、中卫境内，均有石窟，其他散在者恐复不少。此考古家所应注意者”，这种闻听已经接近了实际。

1959年，甘肃省博物馆文物工作队陈贤儒等文物工作者在陇东地区进行文物普查时，于蒲河和茹河交汇处发现了北石窟寺，对之作了初步的考察，称之为“寺沟门石窟”。在报告中称，“佛洞”（即165窟）“窟内的造像就比泾川县南石窟寺、王母宫的两窟的造像要丰富得多”。1961年，省文物工作队赵之祥、吴柏年、岳邦湖和敦煌研究所霍熙亮，在庆阳县文化馆的协助下，石窟群进行了全面调查、编号、测绘和拍照，并作了断代分析和文字记录。根据窟区北端唐窟（第257窟）武则天大周证圣元年（695年）的发愿文中“与宁州北石窟寺造窟一所”的记载，结合陈万里的说法，确认该寺早在北魏隋唐时期就叫北石窟寺，正式恢复和沿用了它的历史名称。吴伯年发表《重现光芒的庆阳北石窟寺艺术》[1]，宣传这座千年文化遗存，认为“这是我省近年来在文物普查中发现的一个内容比较丰富多彩，学术价值较高的石窟群之一”。文中特别强调了北石窟寺的题记，“还值得注意的是石窟外壁上刻有隋、唐、北宋、南宋、金、元各代题记百余方，字体优美，内容丰富，在目前各石窟来说是比较突出的。这给进一步深入研究石窟提供

①《甘肃日报》1962年4月20日。

了很多可靠资料”。霍熙亮做了大量的笔记，保留了宝贵的资料。初世宾《甘肃庆阳北石窟寺》[①]提出，北石窟寺是新中国成立后“甘肃省继麦积山石窟、炳灵寺石窟之后，又一次的重大发现”。后来人们所说北石窟寺为甘肃四大石窟之一，可能即源于此。

两年以后，日本成城大学华裔教授邓建吾先生到北石窟寺考察，发表了《庆阳寺沟石窟“佛洞”介绍》[②]，宣传和介绍北石窟寺的佛教造像。文章重点介绍了“佛洞”（165窟）的形制及造像内容，并结合佛教经典介绍造像的佛教内涵。通过与大同云冈石窟及洛阳龙门石窟的比较，认为165窟“飞天的表现形式和同时期的龙门石窟‘宾阳洞’或‘莲花洞’的飞天基本相同，但也具有云冈昙曜五窟的雄劲古朴的风格”。就其形制而言，“佛洞”（165窟）的“石窟构造形制、造像的配置，虽不见于云冈、龙门等地北魏石窟，但从营造者（指奚康生）是洛阳出身的豪门贵族以及造像的风格特点来看，是和龙门的宾阳洞或巩县石窟具有相似之处；面相、衣服形式和背光许多地方都和龙门石窟北魏造像近似。因此可以推想，‘佛洞’是采用了洛阳寺院的规范，也可能部分带头的工匠是由洛阳调来的。这些中原的工匠与甘肃东部工匠的传统技法结合，形成了特有的地方风格……作为‘佛洞’七佛立像，虽然继承了龙门造像的形式，却没有接受龙门造像的清

①《现代佛学》1963年第1期。

②《文物》1963年第7期。

癯秀丽，而表现出粗犷的手法，保存着北方民族的气派，为云冈早期造像所见的豪迈风格。同时从弥勒菩萨像、阿修罗像、狮子以及浮雕等的简朴硬直的特点，可以看出此地的民间石匠的传统技术根深蒂固的力量所给予佛教造像的作用。因此，这里石刻所具有的拙质趣味，又是龙门等石窟所未见的”。与同时期其他文章不同的是，该文没有停留在一般意义上的介绍，而是有着研究心得，说明学界对北石窟寺认识已经迈向新的高度。

尽管北石窟寺已进入人们的视线，但由于位置比较偏僻，仍在很长时间“藏在深闺人未识”，其知名度与实际价值很不匹配。北京大学罗新教授于 1999 年 6 月 17 日西行到达北石窟寺和南石窟寺，在题为《新西游记》的文章中写道：“说来惭愧，我事先竟不知道这两个石窟有着极高的艺术价值，而且，只需要到现场睁眼一看，稍具常识的人都会意识到，这两个石窟（指北石窟寺第 165 窟和南石窟寺第 1 窟——引者）绝不逊色于云冈、龙门的任何　窟。”[①]阮荣春主编的《丝绸之路与石窟艺术》则预言以南北石窟寺为代表的陇东石窟必将得到重视，“陇东石窟多年来不为人们所熟知，学术界也很少有人把它们作为自己的研究重点。但是，纵然是蒙着厚厚的一层黄土，陇东石窟的艺术魅力还是穿越历史，穿越时空，得到睿智之士敏锐的青睐。”[②]

①罗新：《历史的高原游牧》，中华书局 2011 年版，第 8 页。

②阮荣春主编：《丝绸之路与石窟艺术》第 2 卷，辽宁美术出版社 2004 年版，第 219-220 页。

保护的节奏

1963 年 2 月 13 日，甘肃省人民政府公布北石窟寺为省级文物保护单位。10 月，甘肃省文物局责成省博物馆负责北石窟寺的保护工作，之后组建了北石窟寺文物保管所，归属省文化局主管的专门文物保护机构。

1988 年 1 月 13 日，北石窟寺成为国务院公布的第三批重点保护单位。

面对文物贩子的猖獗活动，仅靠死盯硬守，很难保障文物的安全。北石窟寺在 2006 年完成的安全技术防范系统工程，由入侵报警系统、监控系统、门禁系统、周界报警系统等 7 个子系统组成。山坡及窟院周界还布设了震动电缆，洞窟前埋设有泄漏电缆，重点洞窟及窟院设有红外线探测器和彩色全方位摄像机等。该系统将窟区防护分为 4 个分区、24 个防区进行监控，基本做到了对北石窟寺的全方位监控。

由于所处地质属白垩纪黄砂岩，近年石窟病害非常严重，岩体裂隙纵横，危岩众多，稳定性差；洞窟潮湿，造像风化严重。国家文物局投资实施了北石窟寺岩体抢险加固及渗水治理工程。工程治理以岩体加固为主，采用锚固、支顶、排水相结合的综合治理措施，达到加固窟顶，防止坍塌和保持窟内干燥的作用。

北石窟寺具有重要的旅游价值，在旅游中被观赏和分享，在观赏和分享中被保护、诠释和延续，其文化资源的开发才会有广阔的前景和深远的意义。2016 年以来，庆阳市抢抓国家“一带一路”建设和省委、省政府大力支持文化旅游的发展机遇，将北石窟寺文化生态旅游区建设作为旅游产业和旅游扶贫重点项目，开展基础工作、环境整治、文物保护、安全防范等一系列工程项目，打造全域化精品景区。按照规划，北石窟寺文化生态旅游区将是一处集旅游文化展示、生态窑院休闲、庆阳“乡愁”印象、生态庭院度假、北石窟驿站体验、“上善若水”体验、欢乐农场参与体验等于一体的国家 4A 级旅游区。

管理的新模式

第 165 窟窟顶受渗水影响，落沙病害比较严重，需要开展日常监测，但因技术水平所限，缺乏科学的监测方法。由于专业技术人员缺乏、学术研究能力不足，遗迹文物保护修复及技术创新等方面的瓶颈制约，北石窟寺没有形成特色鲜明的遗产地管理模式，保护、研究、管理和利用水平与世界文化遗产地的要求存在较大差距，严重制约可持续发展。敦煌研究院探索出一套依法保护、科学研究、高效管理、文化弘扬、国际合作、合理利用的文化遗产地运行管理模式，成为我国世界文化遗产地保护研究利用的成功典范。

为充分发挥敦煌研究院在保护理念、管理能力、专业人才和保护技术等方面的旗舰引领作用，甘肃省经过广泛深入调研，充分听取各方意见建议后，决定整合六大石窟，以带动和促进全省石窟文物保护利用综合能力的全面提升。敦煌研究院接管北石窟寺后，将在石窟研究、壁画保护、遗址保护、数字化技术研究应用、游客承载量研究、景区建设开放利用、国际交流合作等方面实现新的突破。进入敦煌研究院的北石窟寺，被纳入“甘肃石窟保护研究传承弘扬一盘棋”的战略，加大日常监测、日常管理和日常维护，同时，将“数字敦煌项目”扩展为“数字甘肃石窟项目”，打通学术研究壁垒，充分共享数字资源，多形式、多渠道推广北石窟寺佛教艺术，提升北石窟寺文化品牌形象，让人类共有的文化遗产为当今世界的和平发展、文明交流互鉴做出贡献。

北石窟寺是古人留给我们的宝贵遗产，是无数代人智慧和汗水的结晶。进入新时代，开发旅游文化资源固然重要，但保护和传承更为重要。反观古人的倾心呵护，在钦佩和感戴的同时，更应该有保护好，传承好的使命担当，使千年艺术宝库大放异彩。